Feng Shui For Hawai'i

ハワイアン風水

クリアア・イングレバート 著
伊庭野れい子 訳

太玄社

目次

日本語版の出版にあたって

ハワイには日本の影響を受けているものがたくさんあります。たとえばTシャツに書かれた日本語や、建築様式、そしてものの考え方まで、ありとあらゆるものに日本を感じます。ハワイは異文化が集まった社会ですが、特に日本文化の影響を強く受けています。私は、ハワイ島にある大福寺で図書館の司書としてお手伝いをしているのですが、そこには日本の文化と西洋の文化が程よく入り混ざった建築様式もさることながら、集まってくる人々も、ハワイらしいいろいろな人種で構成されています。

私の著書のうち、最初の二冊はドイツ語、スペイン語、ポルトガル語にも翻訳されました。これらの翻訳と編集に関しては、私はまったく携わっておらず、関わった出版社が自分たちの考えに基づいて翻訳・編集を行いました。結果として、私が意図したとおりに翻訳されていない部分もあり、驚くと共にがっかりしました。ドイツ語版の『Bedroom Feng Shui（ベッドルームの風水）』には、風水としては悪い例となる写真が掲載されていました。また、ポルトガル語の『Feng Shui Demystified（風水の謎解き）』では、タオイズムの「気のエネルギー」のことをキリスト教の「聖なるスピリット」と、まったく違った意味に訳されてしまったのです。

『Feng Shui for Hawaiʻi（ハワイアン風水）』の日本語版は、私自身が完全に満足した翻訳本です。翻訳者の伊庭野れい子さんは、私の授業を受講した上で、この本を使いながら私と一緒に風水の実地トレーニングも行った後に、翻訳に取り掛かってくれました。彼女は風水というものがどういうものかをよく理解した上で、日本の皆さんに理解しやすいように翻訳をしてくれたのです。

気のエネルギーは、ハワイに住んでいる人にも、日本に住んでいる人にも同じように影響を与えます。この本の写真のほとんどがハワイのものではありますが、風水の基本はどんな家にも適応します。違いは家の大きさかもしれません。日本の家は相対的にアメリカに比べて小さいという点です。

小さくてもパワフルであることは可能です。私が風水をやり始めたころ、サンフランシスコのワンベッドルームのアパートに住んでいました。そして風水で模様替えをした途端、すぐに風水の効果が現れたのです。大きな家より小さい家の方が、早く効果が出るように感じます。つまり、エネルギーが伝わるスペースが少ない分、早く私たち自身にその効果が届くわけです。小さい家は、言ってみれば総合ビタミンのようなもので、小さいスペースでたくさんのパワーを生み出すことが可能なのです。

クリア・イングレバート
ハワイ島コナ
二〇一四年三月

まえがき

この本に書かれている風水は、ハワイ風の家によくありがちな問題を中心に取り上げたものですが、日本の一般家庭においても十分にあてはまるので、無理なくご活用いただけるかと思います。

中国では昔から風水の授業や風水の本などで、「chi」、日本では「気」と呼ばれるエネルギーの流れについて解説されてきました。風水は、ものを形作ることと関係しています。家具を作ったり、配置したり、家を建てたり、家の周りの土地の整備など、これらを形作る過程で取り入れられるべき「気」なのです。

ハワイでよく見かける家は、たとえば一方は崖、一方は海といった具合に、とてもドラマチックな場所に建っていることが多いようです。どちらの条件も、どのくらい崖や海に近い場所に迫って建っているのかにもよりますが、位置的な問題がある場合は風水で解決することも可能です。また逆に、山や海がほとんど見えないという場合も、エネルギーのアンバランスさを生み出してしまいます。

ハワイの家は、景色と風通しの非常によい場所に建っていることが多いです。家の中の風通しのために大きく開いた場所があるということは、「気」があまりにも早く流れ出てしまうという結果を生みます。景色は最高だけれどエ

風水の「風」は動く風、つまり「気」、
エネルギーを意味します。

ネルギーを保つことがまったくできないのです。風水における「気」の流れは三つあります。

・空気の流れと自然光が家の中に入ってくる流れ
・部屋の中および部屋から部屋への気の流れ（建築家たちは「家の中の交通の流れ」と呼んでいます）
・自分たちの視線が家の中のどこに注目するかという流れ

人間自身も「気」の流れがあります。それは自分自身に影響を与えるものであり、微々たるものかもしれませんし、または無意識の中にあるものかもしれません。風水は私たちの「気を配るエネルギー」（どこに目を向けるか、どこに意識を置くか）に関して、私たちの生活を形作る手助けをしてくれます。

窓から景色が見えなくても、ハワイでは家の中の飾りや家具に「トロピカル」なものを取り入れることで、ハワイの雰囲気を醸し出しています。風水では、どのようなものを、どこに、または自分のそばに置くのかがポイントとなります。一人で住んでいる人の家に、一人のフラダンサーが描かれた絵が掛けられているのを見かけますが、一人のダンサーよりもフラダンサーのグループで、多くの人が一緒に何かをしている絵や写真を掛けるほうが、よい「気」を引き寄せることができます。

また、物を置きすぎるというのも、風水上よくありません。ハワイでも、家の中に物を置きすぎているのをよく見かけます。しかし本書では、それについては詳しくは書いていません。もし詳しく書いたとしたら、単に片付けるだけで「風水」の作業を終らせてしまうでしょう。

本書は読みやすいように短いセクションから構成され、やさしくわかりやすく、それぞれ例を挙げて要点を説明しています。

いくつかをここで取り上げてみると、たとえば「トロピカル風」の家具は、竹やラタン製で、カーブをつけて角を覆うように作られていますが、これは気の流れを優しくするために役立ちます。しかし、家具の中には（特にガラス製のテーブルトップ）エネルギーの流れを切ってしまうものもあります。また、天井の梁がむき出しの家や、天井から吊るすシーリングファンも、エネルギーを切るのであまりお勧めできません。

解決法

風水上、問題があることに気付いた場合、解決可能な方法を見つける必要があります。その解決方法は二つあります。実際に改造をして変えてしまうか、シンボルと呼ばれる道具を使って気のエネルギーの流れを変えるかです。改造をすることが不可能なことはよくあることですので、その場合はシンボルを使って行います。たった一つのシンボルで簡単に変化をもたらすことができるのです。もしその気になれば、一つでなく複数のシンボルを使っても構いませ

ダンサーが１人で踊っているものよりも、何人かで踊っているものがお勧めです。大勢でいるとエネルギーを与えてくれ、孤独感を忘れさせてくれるでしょう。

ん。いくつかの解決法を用いることは、その問題に対して複数のアプローチを試みることになります。ただし、そのシンボルを問題解決のために置く場合は、なぜそのシンボルを置くのかということを声を大にして言うようにしてください。そうすることで、そのシンボルはパワーを増すことになります。自分の人生にどんなことが起こって欲しいのか、どんな恋愛がしたいのか、健康や金運はどうなのか。これらのことをお祈りとして願うとよいでしょう。

置物の中には、あまりよい気を生まないものもあります。エネルギーが衝突し合う飾りであることもあります。そういう場合は、「隠す」という作業を用います。たとえば、鏡の上に絵を掛けて鏡を隠す、クリスタルをバスケットに入れてしまうなどです。置いてはいけない場所でない限り、こういう方法で大丈夫です。

風水の解決法の中には、一度変更するだけで「その問題はもう忘れて幸せな人生を送ることができる！」というものもあります。また、何度か変更を加えなくてはならないもの、たとえば散らかった物を片付ける、トイレの便器の蓋を閉めるなどがあります。

風水の本が完璧なテキストだとはいえません。なぜなら、どんなときにも予期できない新しい出来事が生じるからです。本書のユニークな特徴は、複数の解決法をお教えしていることです。もしその解決法が不可能であったとしたら？　一般の風水の本を見ると、一つの問題に関しての解決法は一つしか風水では、その土地の形を見てエネルギーの流れを判断します。風水の見地から考えると、オアフ島は、コオラウ山脈の山の輪郭のギザギザが竜を形作っており、それがシンボルとなって島を守り、繁栄をもたらしているといわれています。実際にこの島は吉兆のある美しさで囲まれています。

提示されず、すぐに次の問題へと移っているので、解決法はたった一つしかないかのように感じるでしょう。しかし実際には、常に一つ以上の解決法があるはずなのです。どんなスタイルの家か、どんな状況かによって、本書は複数の解決法をお教えしています。私にとっては、それが風水のアートだと思っています。

私が考える風水とは、装飾可能なアートのようだと思います。風水の規則に従った場合、現代の状況と一致しないものもありますが、それが元々どのような考えに基づいているのかということを理解することで、私たちの視線がまずどこに引き付けられ、どういうものが象徴的なもの（シンボル）となるかを知ることができます。

ウィンストン・チャーチル（一八七四〜一九六五 英）は、「We shape our buildings, and afterwards our buildings shape us（私たちが私たちの建物を形造っています。そのあとでその建物は私たちを形造るのです）」と語りました。実は、昔のハワイにおいてもこれは大切なコンセプトでした。家や寺を建てる前に相談をする専門家は、「クヒクヒ・プウオネ（等高線に沿って建設するという意味）」と呼ばれていました。風水コンサルタントが行う最も大事な作業は、家と家を建設しようとする場所の周りの等高線を考察し、そこにあるシンボルについての説明をすることなのです。

オラアという場所に住む人のコンサルタントをしたとき、その家主が「ハワイアンのおじいさんが、かつてよく話してくれていたことを思い出しました。でもそれに注意を払ってなかったので、「よく覚えていません」と言いました。私も彼もおじいさんが何と言ったのか、もっと覚えていればよかったのにと思いました。古代中国では、風水の哲学とその方法は書き綴られ、印刷されてきました。したがって、この風水というアートを十分に広めて受け入れられるだけの時間と手段があったので、今に伝わったといえるでしょう。

本書を読んだ皆さんが、風水を取り入れてみたいなと思うようになってくださることを願います。まずは家の外側から家のドア、そして家がどのように建てられているのかを見ていきます。それから家具や装飾物、家の中に持ち込まれたものが、私たちにどのような影響を及ぼすかをお話しします。この古代の規則を学ぶことは、現在に生きる私たちが人生の目標を達成するために役立つと信じています。昔と今では状況が変わっているとはいえ、アートの原則、そして私たちの願いや望みは、今も変わらずに同じですから。

家の外側

Exterior

正面玄関は一番大切な部分です。それは「気の口」、入り口にあたるからです。よいエネルギーを人生に取り入れる入り口でもあるのです。風水コンサルタントの多くは、この場所からコンサルティングを開始します。

山側か海側にある正面玄関

Mauka or Makai Front Door

家の後ろにある山は、家を守るシンボルでもあります。正面玄関が海側になっています。

P12-13
正面玄関は、通常あなたの家に「気」が近づいてくる場所なので、「気」を歓迎するような雰囲気にしておきましょう。

前ページ：水を家の中に持ってくることで、建物の気の流れを変えられます。水が入ってくる家は繁栄するとされます。

最もよい建物は、正面玄関がマカイ（海側）にあるものです。風水において、マウカ（山側）が家の後ろにある場合は保護のシンボルとなります。もし正面に山があるとしたら、障害のシンボルとなり、人生は苦戦続きとなります。海は繁栄を表すので、入り口で恩恵が収穫できるように、家の前にあるべきなのです。もし海が家の裏側にあったなら、奈落を意味します。家を支えるものがなく、穴にすべり落ちていくようなものです。この状況は家が海のすぐ上に建っているときや、急な渓谷の横に建っている場合にもあてはまります。最もよい速やかな解決法は引っ越すことですが、ほとんどの人にとって不可能でしょう。そういう場合は、建物の山側にある正面玄関にシンボルを用いることで問題を修正します。

解決法

正面玄関の外側

・最初の三つの解決法は、目に付くように家の外側の正面に用います。長く心に残る印象の九十パーセントは第一印象によるため、とても大切です。他人が見て、最初に気付く解決法のシンボルというものも、かなり強い印象を与えます。

・**風見鶏**のようなものを屋根の上に設置します。これは、人が家に近づいて気

エネルギーは、私たちの視線に従うので、上向きに文字が書かれていると気も上向きになります。

付くようなものでないと意味をなしません。風見鶏は動きます。動くことで注意をそそります。注意をそそるということは、人が家に近づくにつれて、それを見ることでエネルギーが上向きに上がるということです。どのような風見鶏を置くかも大切です。鶴が飛んでいるようなものにするのが最適ですが、それはさらにエネルギーを上へと上昇させてくれます。飛行機でも構いません。クジラやイルカ、魚は、水の下に棲む生き物なので、鳥のように「上昇」させるシンボルを持ち合わせておらず、不適切です。もし風見鶏がうまく家に合わない場合、何か人の注意を引くようなものを屋根の上に設置することをお勧めします。たとえば、横幕、吹流し、祈りの言葉を書いた旗などです。

・次に述べる解決法は多少取り扱いにくいかもしれませんが、効果的です。**家の番地**を、角度を上げて付けることです。訪問者やお客さんは気のエネルギーを持っていますので、その番地を見つけたときに、少し傾斜して並べられた番地を読むということは、あなたを見つけたその瞬間にエネルギーが上がり、実際にはあなたの敷地のエネルギーが下がるのを防ぎます。

エネルギーの上昇

・番号を順に上がるように並べることでエネルギーを上昇させます：629

どんな家にも使用できます。家の後ろに坂があって下がっているような

この滝は、正面玄関に向かって流れているので、幸運をもたらす滝です。水は、富を表すので、富が家の中に入ってくるということになります。

場合は最適です。

・普通に番号を並べるのはいかなる場合でもOKです：

629

・次の二つのやり方はお勧めしません。：

629

6
2
9

これはエネルギーを下げてしまいます。それぞれの数字が前の数字より下がって書かれているからです。家の後ろが坂になって下がっているときは、この方法は用いないでください。もっと問題を大きくしてしまう可能性があります。

・もう一つの解決法は、正面玄関の外側に**水に関するもの**を置くことです。建物の山側に水があると建物本来のエネルギーを変え、海側のようにしてくれます。同じ水でも、どんよりした動きのないものはよくありません。

もし水が流れているのなら、家に向かって流れるようにしましょう。四方八方に水が流れる噴水も、その水の一部が家に向かって流れている限りは大丈夫です。

さらなる水

ハワイ語では、真水を「wai」（発音は「ヴァイ」）と言います。真水は非常に価値のあるものとされ、富は「waiwai（ワイワイ）」と言われ、「さらなる水」という意味です。中国語では、「水」は「シュワイ」と発音さ

水

これが漢字の「水」という文字。広東語では、かつてお金を表す言葉とされていました。

れます。この「水」の俗語の意味は、お金を意味します。水は地球上の命の源です。風水で「水」は繁栄を意味します。澄んだ流れる水は、さらなるエネルギーを持つとされ最高なのです。流れのない濁った水、特に緑色になっていたり異物が浮いているような水は、水がない状態よりも悪い気を湛《たた》えています。どんよりした水は、どんよりしたエネルギーを表します。動きのない水、たとえば鳥が水浴びをするための水などは、新鮮できれいな水を溜めるようにしましょう。間違っても蚊を育てることのないように！

室内

次の三つの解決法は室内に用います。

・部屋の奥の壁（ドアの対面）に、**山の絵**を掛けます。この絵は窓を象徴しますが、山が窓から見えれば、山が家の後ろにあって家を守るという考えに基づいていています。この山の絵の中に水は描かれていないことが条件で、山のみの絵を用います。

・部屋の奥の壁（ドアの対面）に、葉が上を向いて生えている**植物**を置きます。角に置くのではなく、ちょうど壁の中央にあたる位置に置くとよいでしょう。この位置に置く植物として最適なのは、サンセベリア・トリファシアータ

サンセベリア・トリファシアータは、その葉の形からエネルギーを上に上げるといわれています。育てるのも簡単な植物で、小さい植木鉢であまり水をあげなくても育ちます。また何ヶ月も何年も長持ちする植物です。

（虎の尾）です。硬くて尖った葉先は四方八方には広がらず、上向きのままなのでエネルギーを押し上げてくれます。また手のかからない植物で、室内でも室外でも育ちます。

・室内のエネルギーを上げる方法は、小さめの**ウィンド・チャイム**を入り口のドアの内側に吊るすことです。ドアの数センチ上のところに天井から吊るしておけば、ドアが開くたびに軽くドアに当たったウィンド・チャイムが鳴るでしょう。あなたがドアから入るときに頭の上で鳴る音が、エネルギーを上げてくれるのです。これはドアが開閉式になっている場合のみ有効で、スライドするものにはあてはまりません。コンドミニアムでは、ドアが天井まで達していることもあります。そのような場合は、ドアの内側によくチューニングされたドア・ハープと呼ばれるもの（ドアの開閉によってハープのような音を出すもの）を取り付けるとよいでしょう。ドア・ハープはどこにでもあるものではありませんが、インターネットで調べるとあるはずです。普通のベルを決してドアに取り付けないでください。それは不快なだけでなく、不吉です。

家の裏側

次の三つの解決法は家の裏側に用います。

・家の後ろにまっすぐ**上に伸びる植物**を植えます。まっすぐに伸びる植物は、

亀は守り神としてのシンボルとして使われる以外に、ハワイでは非常に強力な守護神として尊ばれています。

下に下がる坂が家の後ろにある場合、エネルギーが転がり落ちるのを防いでくれます。もし背の高い植物を植えられるようであれば、ヤシの木かイタリアン・サイプレスもよいでしょう。家の後ろがベランダの場合は、サンセベリア・トリファシアータを置くとよいでしょう。太陽の光を受けると、この植物は色濃くなります。

・**亀**をイメージするものを家の裏側に置きます。家の角ではなく、真後ろがベストです。風水において亀は、後ろから家に近寄ってくるものを知らせるシンボルとされており、建物を後ろから守る役目を果たします。よって、亀のお尻が家に向き、顔は来るものを見ているように置いてください。もし建物の後ろがスロープのようになって下がっている場合は、亀の効果がなくなります。亀の置物はエネルギーを復活させるというシンボルです。また大きな方がより効果的です。

・これはよく勧められる解決法ですが、家の後ろに電気**照明**を置くことです。高いポールのスポットライトが、家に向かって照らしているのがお勧めです。毎晩点ける必要はありませんが、壊れているものは置かないでください。もしスポットライトがお気に召さないようであれば、外灯を家の下から上に向かって照らすようにするとよいでしょう。たとえ細い一筋の光でも、太陽の光でも構いませんので、何らかの光が建物に当たるようにしておきましょう。光はエネルギーを引き上げる要素を持っています。

わかりにくい入り口

Obscure Entrance

前ページ：明るい赤の植木鉢（カネノナルキが植わっている）を、コンドミニアムの家の正面玄関前に置いたもの。ドアを赤く塗らなくてもこれで人目を引きます。赤はドアに注意を引く色です（「気」のエネルギーを集めます）。

よいエネルギーを招き入れるために、家の正面玄関はわかりやすくしておきましょう。正面玄関はあなたの人生において、最も重要な入り口となっています。正面玄関がどこにあるかわからないようでは、エネルギーが入ってきません。つまりエネルギーがあなたを見つけることができないのです。「私はどこへ行ってしまうのかしら？（見つけられるものなら見つけてごらん！）」などと「気」のエネルギーに挑戦をしてはいけません。こういう状況では、やがてエネルギーがあなたを見つけ出したときには、すでにエネルギーのパワーは減少しているのです。風水では第一印象がとても大切といわれています。要するに、最も印象的なことが、最もパワフルな効果を引き寄せるのです。

もし家の入り口がわかりやすければ、きちんと見かけよく保ってください。小さい植物をたくさん置くのはよくありません。シンプルにしておきましょう。カネノナルキは、正面玄関に置くと来客を招き入れるのに最適な植物です。葉が丸いので、エネルギーが簡単に回りやすいのです。その葉は太く、繁栄を象徴しています。これらの植物を目立つ植木鉢、赤い色の鉢などに入れることをお勧めします。正面玄関に植物を置くこの方法は、すべての家にはあてはまらないかと思いますが、ドアのところに視線を向かせるためにはよい方法です。

この家の正面玄関のドアは、風通しのためにほとんど開いたままになっています。よって、網戸のドアを目立ちやすい赤色で塗ってあります。シューズは同じ方向に揃えてきちんと置かれています。太い丸い葉を持つカネノナルキは、繁栄のエネルギーを巻き込むシンボルです。

解決法

正面玄関がどこにあるのかわかりにくい場合、わかりやすくしましょう。いろいろな状況をここに示しておきます。

・一戸建ての家で、家の横に正面玄関がある場合（最悪は家の後ろに正面玄関がある場合ですが）、**サイン**を使いましょう。「E komo mai」つまり「Welcome」「ようこそ」です。日本の場合は表札を掲げてもよいと思います。文字が一つだけでなく複数であればある程目を引きますが、「Welcome」であれば、そこが入り口だとわかりやすいと思います。

・正面玄関のドアの色を目立つように**塗る**ことです。もし赤を選ぶなら、強い色なので、最初に茶色を塗ってからの方がよいかもしれません。そうすれば、飽和色を調整できるため、何度も上塗りをする必要がなくなるはずです。

・貸家やマンションのドアが隣の家と一線に並んでいるような場合、明るい目立つ色の**ドアマット**を置きましょう。

・貸家やマンションでドアマットを置くことを許可していない場合、ドアノブ

赤いタッセル（糸の房）は飾り気のないドアに吊るすと、非常に目立ちます。黄色いガラス製のノブは優しく目立ち、それに赤いタッセルを吊るすことで、よいバランスが取れます。非常によい色のコンビネーションです。

に明るく目立つ色の**タッセル**（糸の房）を掛けるとよいでしょう。

私のクライアントは、コンドミニアムの網戸のドアノブに、レイの花を掛けていました。彼女は明るい赤の造花のハイビスカスのレイを使っていたため、そのおかげで彼女の部屋番号を確かめずに部屋を探し出すことができ、赤いレイに目が留まりすぐに辿り着けたのです。

エネルギーの色

赤と黄色の両方とも、伝統的なハワイの色です。どちらもすべての色の中で、人間の目に最もわかりやすい色です。また風水では、どちらの色も大切な色とされています。赤は、血（最も重要なものです）を意味するので、最高にパワフルな色です。どちらも非常に目立つので、家のドアに使う色としては最適です。

・ウィンド・チャイムを正面玄関の近くに吊るすと、チャイムが揺れて音が出るので目立ちます。この動きと音の両方が「気」のエネルギーを呼び寄せます。このウィンド・チャイムの音が、家族はもとより来客や近所の人たちにも心地よいものであることが大切です。近所の人を不快にするようでは、よい風水ではありません。

階段

Stairs

左:階段の間と間に空間があります。階段の下に何があるか見えます。つまり「気」が階段の間から逃げてドアまで到達できません。
中央：これらの階段も間が開いているものですが、これは正面玄関への階段ではなく別の建物である離れへの階段なので、この場合は構いません。
右:この階段は空間がなく（横板がステップの板をつなぎ合わせています）、「気」のエネルギーがベランダ、そして正面玄関へと上っていくことができます。

正面玄関の前にあり、玄関へと導いている階段はとても大切です。その階段は、あなたの人生に関わるエネルギーを導くと共に、影響を与えます。階段を上がったところにドアがあるのがベストです。これによってエネルギーが上がり、心地よい生活をもたらしてくれるでしょう。ただし階段を上がったところに玄関がある場合でも、その階段のステップとステップの間が開いていて、下が見えるようなものはよくありません。つまりその隙間からエネルギーが逃げるので、玄関に行くまでにエネルギーが逃げてしまい、玄関までエネルギーが到達できないからです。エネルギーにはあなたの名前がすでについており、あなたを探そうとしているのに途中で逃げてしまうので、あなたの人生に入ってこられなくなります。つまりこれは、「チャンスを逃す」ということを意味します。

解決法

・一番よいのは、隙間のない**上昇する**階段を設置することです。

・賃家やマンションで、隙間のない階段の設置が難しいときは、正面玄関を目立つようにすることです。**動いたり**、**音が出たり**、もしくは**色鮮やかなもの**、**目に付くもの**を置くことです。そして、家主がその置物を気に入っていることも大切です。そうでないと「気」のエネルギーに影響します。そこに住んでい

この丸みのある溶岩石の階段は正面玄関から中庭へと導いています。階段にまったく隙間がないので、エネルギーがたっぷりと入り口に到達できます。

る人が正面玄関を好きであることが重要なのです。

・もし居住エリアに何らかの規則があってアレンジをしにくい場合、玄関の外側のドアノブに**タッセル**（糸の房）を吊るすだけでも構いません。何もしないよりはずっとよいはずです。

・もし階段が玄関に向かって下に降りるようになっている場合、正面玄関の周辺には十分明るさがあるようにしてください。鉢植えの**植物**を置いてもよいでしょう。特に葉に白い色が入っているものが効果的で、洋種コバンの木がお勧めです（ハワイ名は「ドゥオーフ・ラウカラコア」）。この植物を玄関前に置くのが最適とされるいくつかの理由があります。それは、葉が丸くて尖っていないことです。丸い葉はエネルギーを回転させながらドアの中へたやすく導きます。尖った葉、特に硬いものは剣を意味し、イライラさせたり心配事を増やします。それは「そばに来ないでほしい」と言っているようにも見えます。コバンの木の形は自然にまとまっているので、刈り込む必要がほとんどありませんし、植木鉢でもとてもきれいに見えます。家の前の植物が恐怖感を与えるものであったり、病的なのは厳禁です。たっぷりと茂っていて健康的であるものを置きましょう。

他には、葉に白い線が入ったカネノナルキもお勧めです。これはどんなドア

洋種コバンの木は、自然に丸い形を作り、大きなコバンの木に比べて広がらないのが特長です。入り口に向けて列を作って植えるのもよし、ドアの横側に置くのもよいでしょう。

の周りでもよく、特に玄関前の階段が下がっているところには効果的で、葉の白い部分がその場を明るくします。

散らかった
スリッパ

Slipper Clutter

前ページ：スリッパが正面玄関の外側にきちんと揃えて置かれています。これはその周辺のエネルギーを穏やかにし、あなたの目的を達成させるためのシンボルにもなっています。

「気」のエネルギーが正面玄関までやって来たとき、散らかった物のためにエネルギーが停滞しないようにする必要があります。散らかりは、人生においての停滞を意味します。正面玄関が散らかっているようでは最悪です。新鮮なエネルギーがあなたの家に邪魔されずに入ってくるようにしておかなくてはなりません。

よく正面玄関の前に**たくさんのスリッパ**が置かれているのを見かけます。時にはすべての靴が玄関の外に置かれているのも見かけます。靴やスリッパは他の場所に片付けましょう。家族全員のスリッパや靴は、各一足ずつを外に置いただけでもいっぱいになります。家族が多い場合は、せめて一人一足だけを外に置くようにしましょう。スリッパの場合は家の中に置いておくより、外に出しておく方がよいでしょう。貸家やマンションでは選択の余地がないかもしれません。毎日スリッパが必要ならドアの内側に置いて、棚か靴箱に入れておくのがよいでしょう。

スリッパ（もしくは靴）をどこに収納したとしても、すべて同じ方向を向いているべきです。スリッパや靴は足に履くものですから、私たちの基本となるシンボルです。もしあちらこちらを向いていたとしたら、自分自身の意思に反して目的を達しにくくなります。どちらの方向に向けても構いませんが、すべて同じ向きに置いてください。

「きちっと揃えなさい」という日本語があります。日本でこの言葉はとても

スリッパや靴はすべて同じ向きに揃えましょう。

大切な言葉だとされています。つまり、家の中に人生がきっちりと納まることを意味しているからです。風水とは、このコンセプトをさらに一歩踏み込んで、家の中で起こる出来事に影響が及ぼすのを防ぐために、的確な配置を行うことなのです。

家の支柱

House of Poles

前ページ：家の下側が空間になって、何の柵もない家は、何らかの柵がある家よりもアンバランスになります。

上：ひし形状の穴がある格子は平らな板に比べてよくありません。
下：小さい鏡を支柱の下に貼り付けると家を支える形になります。鏡の反射面を上に向けることで、家を支えるシンボルとなります。

ハワイやその他の熱帯地域では、直接地面の上にではなく、支柱の上に建っている家を多く見かけます。これは空気の循環もよくなり、洪水からも居住エリアを守り、ネズミ、蚊、ムカデなどからも家を守ります。しかし支柱の上に建っている家は、足が地に着いていないので、十分に支えられていないと考えられます。構造的には十分にしっかりと建っていても、エネルギーの流れに問題が生じます。

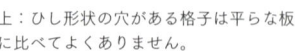

もし家の下側が閉じた空間となっている場合は、問題ありません。壁が分厚くなくても構いません。多少空気の出入り口のために開いていても大丈夫です。ダイヤモンド状の格子になった柵を使うのはあまり好ましくありません。というのは、ひし形の先が上向きの「火」のシンボルになるからです。これでは家が火の上にあることになってしまい、安全ではありません。平らな薄い板であれば、「地」を象徴して足が地に着く形になるのでよいでしょう。かつて二枚の幅広い板を使って、楽しい形を作っているのを見たことがあります。創造性を豊かに考えてみましょう。もし家の下のスペースを閉じることができないのであれば、小さい鏡を地面の上に、反射する面を上向きに貼り付けてください。これは家を支えるシンボルとなります。

二階建ての家で、二階が階下の部屋よりも大きく広がって建っている場合、アンバランスさを補助するために鏡が使えます（片持ち梁の役目）。もし二階のベランダが突き出ていて、ベランダと居住スペースとの境目にドアがなくつ

右：2階が下の階より突き出ている建物に、片持ち梁が建物の上部に取り付けられています。このような小さい片持ち梁でも、ちょっとした風水上の支えとして使えます。
左：車の上に乗って、小さい鏡をガレージの天井に取り付けています。
インサート：取り付けた鏡です。車の落ち着かないエネルギーを反射させることで、この上にあるベッドへの影響を抑えています。

ながっている場合、鏡をここで使うこともできますが、それ程重要な問題ではありません。

家のすぐ後ろに車を停めると、家に入るエネルギーの邪魔をすることになります。もし、停めてある車の上にベッドルームがある場合は特に問題です。ゲストルームのベッドであれば問題はありませんが、毎晩睡眠をとるベッドが置いてある部屋のすぐ下に車が停まっている場合、車が停まっているガレージの天井に小さい鏡を貼るとよいでしょう。このとき鏡の反射面を車に向けるように付けてください。もし鏡を取り付ける場所が天井にない場合、ベッドの下の床に鏡の反射面を下にして貼り付けても構いません。または車が停まっている場所の上にクリスタルを吊るすか、もしくはベッドの下に置くとよいでしょう。鏡やクリスタルをベッドの下に使ったとき、ベッドの下を掃除するときに壊さないよう注意してください。

青い屋根

Blue Roof

皆さんも、青い屋根を見かけたことがあると思いますが、そんなにたくさんはありませんよね。青い屋根はとてもきれいですが、残念ながら風水上は非常によくないと考えられています。青は海の色であり水の色です。また、水は「お金」を意味するのです。青い色が屋根にある場合、水が上から家に降りかかって出ていくことを意味します。つまりお金があなたから逃げていくということ、出費が多くて稼ぎが少ないということになります。

たとえそれが豪華な青いタイルであっても、青い錫《すず》製であっても、もしくは青い色の石であっても、あなたの家の上にそれがあれば同じですので、この色を使わないでください。もしすでに屋根が青い場合で、それを変えられない場合は、いくつかの解決法があります。でも可能であれば、最初からその色を使わないに越したことはありません。風水上、これはとても重要で難しい問題の一つです。

解決法

・透明で小さく面取りをした**クリスタル**は、エネルギーを分散させる効果があると風水では考えられています。つまりクリスタルは光を分散して虹を作ることができるのです。このクリスタルは自然のものでも人工のものでも構いません。クリスタルを家の中のどこかに置いてください。頭より上に来る位置に置くことで、住人に影響を与える前に屋根のエネルギーを分散させることができ

クリスタルは光を分散して虹を作り出すように、不必要なエネルギーを分散できます。

ます。有鉛のガラス製のものには穴が取り付けられているので、吊ることもでき、高い棚の上に載せてもよいでしょう。

・風水において**鏡**の利用法の一つは、不必要なエネルギーを反射して押し出す効果があることです。青い屋根の影響を押し出すために、鏡を（どんな大きさでもＯＫ）家の中に置き、鏡の反射面を上向きにしてください。鏡は頭より上の位置、棚や背の高い家具の上に置くとよいでしょう。

でこぼこの車道

Bumpy Driveway

あなたの家へと続く車道は、滑らかな道になっていなくてはなりません。道がでこぼこすぎると、運（お金を含む）があなたに辿り着く前に、飛び散ってしまいます。

私がある女性宅でコンサルティングをしたとき、彼女は前もって、家の前の道には雨のためにできた大きな穴があると忠告してくれました。四輪駆動の車はいらないけれど、まるでそれが必要なくらいでこぼこだと言うのです。それを聞いていたので、高速から彼女の家に続く道へと降りたとき、少し神経質になってしまいました。そこは一車線の道で、二つの岩の壁の間を抜けて、まっすぐに海へと通じていました。かつては舗装されていたのでしょう。私が到着したときに、風水では自宅に通じる道がでこぼこなのはよくないと伝えたところ、彼女は目に涙を浮かべながら「ハワイ州がこの道を所有しているのです。彼らは『道を修理する気はない』と言っています。この道が州の持ち物じゃなければよかったのに。『将来は別の道を使ってくれることを願う』なんて言っているのですよ」と話してくれました。

しばらく私は頭を掻いていましたが、何かが壊れていて修理できないときの風水の解決法として、赤い色を使うことを思い出しました。

赤い色は、新しい血を意味し、物事を変えることができるシンボルです。彼女に赤いマニキュアを持ってくるように頼み、一緒に道の始まりまで歩き、雨でできた一つひとつの道の穴に、マニキュアを一滴ずつ落としました。そして

1滴の赤いマニキュアは、でこぼこの道を修復し、風水上の問題を解決すると考えられています。

落としながら「今修理されました！ これが私のできる最大のことです。だから修理してもらったと思いなさい」と言いました。言葉にすることによって効果が発揮されるのです。彼女は実際に声に出して言いながら赤い色をつけていきました（けっこう長い道です）。一週間してから、彼女と彼女の下に住む大家さんは、予期しなかった大金を手にしたことを知らせてくれました。

解決法

あなたの家へと続く車道やドライブウェイを**平坦**な道にすることができるのなら、そうしてください。それが最高の解決法です。でこぼこ道を今修理できないというのであれば、**赤い色**を使ってください。色を塗ってもよいし、マニキュアでもよいのですが、土地を汚さないためにも少量だけ使ってください。そしてその場を修理するために使うのだと声に出して言いましょう。

あなたが行っているのは、何かが変わったのだという、小さな物理的な認識です。赤は血の色で、新しい誕生を意味します。新しい出発なのです。安全性に関することの修理のためには使わないでください。シンボルとして使用するには、とてもパワフルではありますが、物理的に安全ではない箇所を安全にすることはできません。

近所の騒音

Neighbor Noise

ハワイはとても気持ちがよい気候です。よって、温帯地域に比べると家の壁が薄めになっています。また、ラナイと呼ばれるベランダでよく時間を過ごします。ハワイでは、ラナイは部屋の一部として使われることも多いようです。窓やドアは開けっぱなしにして、空気を循環させていることもしばしばです。でも空気と共に騒音が入ってくるとすれば、それは問題です。騒音はあなたのオーラと心を壊してしまいます。

解決法

・このような場合、**鏡**は騒音を反射するのに役立ちます。鏡の反射面を、音が来る方向に向けて設置するとよいでしょう。もし可能であれば家の外側に鏡をつけます。直接窓ガラスに貼っても構いません。あなたの下に住む人からの音が気になる場合、床に鏡を貼ります。家具の下に入れておけばよいでしょう。上からの音が気になるときは、天井に鏡を貼ります。そして鏡の反射面を天井に向け、鏡の裏側を天井と同じ色に塗ります。常に妨害が来る方向に鏡の反射面を向けて貼ることを覚えておきましょう。それで妨害を反射させるのです。

もし騒音がとてもひどいもの（薬物中毒者の家など）であれば、**バグア・ミラー**を使用します。これは風水の特別な鏡で、負のエネルギーを押し出すだけでなく、よいエネルギーを作り出します。バグア・ミラーは、易《えき》の八卦を鏡の周囲のフレームにあしらい、完全なバランスを取っています（易に関しての詳これが風水の正真正銘のバグア・ミラーです。どのバグア・ミラーも、易の八卦が鏡の外側に描かれていなくてはなりません。３つの途切れのない線が並んでいるのが上で、普通はその上に掛け金が付いています。これらの線は「陰陽」の「陽」を意味し、生活を意味します。この鏡を上下逆に吊るすと「死の家」とされ、お墓のような場所のみに使用します。

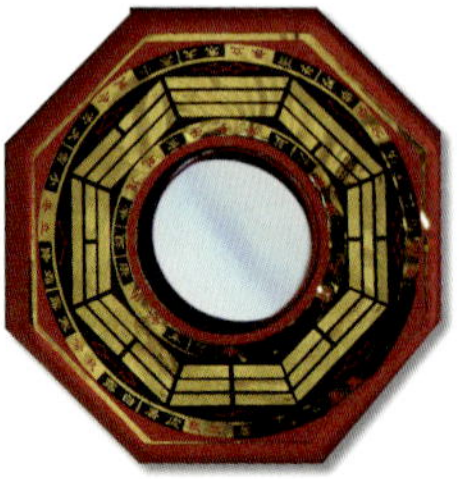

八角形でありながら、易の八卦が鏡の周囲に施されていないものは、バグア・ミラーとはいいません。この鏡は、風水では特に特別な利用法はなく、普通の鏡と同じです。

細は、一七五ページ用語集を参照）。ただしバグア・ミラーを無造作には使用しないでください。単にドアの外側の上に貼り付けるだけで、幸運を持ってくると考えてはいけません。これは物を押しのけるからです。八角形の鏡の周囲に易の八卦が施されているものがバグア・ミラーで、そうでなければただの八角形の鏡です。

八角形の鏡が悪いわけではありません。ただ、バグア・ミラーほど威力を発揮しないだけです。バグア・ミラーは家の外側に使用するものだということを覚えておいてください。バグア・ミラーを家の中で使用するのは、ごく限られた場合のみです。

エネルギーを効率よく押しやる、お勧めの鏡は三種あります。

＊小さい**平ら**の一円玉サイズの鏡：これは手芸店などで手に入るはずです。平らな鏡は、目的物（鏡の光が向かう方向）に向けてエネルギーをまっすぐに反射することができます。この鏡のよい点は、とても小さいので目立たずにこっそりと使うことができる点です。

＊**凸面**鏡（図A参照）：自動車用品を売るお店で売っています。凸面鏡は、表面が飛び出ており、あらゆる方向からのエネルギーを反射します。非常に交通量が多い場所でエネルギーを押しやるのに使われます。また、エネルギーを分散させるので、元の場所に反射が直接戻ってくることはありません。

鏡のように物が映り込むボウルは、風水では部屋の中（あなたの後ろで何が起こっているかを知るため）と、外（不愉快な影響を反射して飛ばすため）の両方に用いられます。

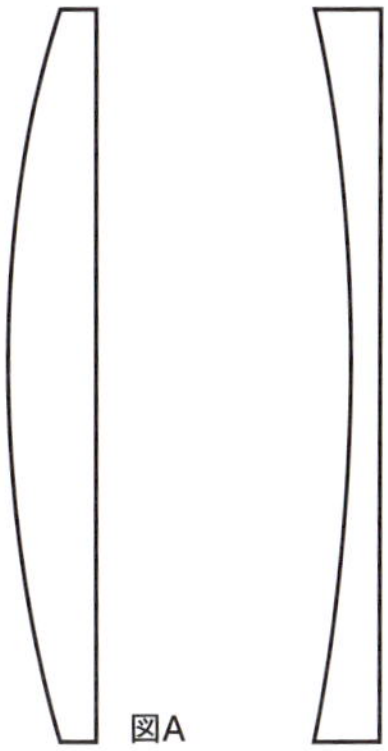

図A　図B

＊**凹面**鏡（図B参照）：ボウルのように内側にへこんだ鏡で、通常お化粧をしたり、髭を剃るときに使うものです。風水では、エネルギーを吸い取る鏡とされていますので、押しやられたエネルギーが自分の家のすぐそばにある場合、たとえば自分の家よりずっと大きい建物が建っていたり、高層ビルが隣にあったり、山がちょうど家の横にあるような場合に効果的です。

凹面鏡は、五センチ程離れた場所にある物を実際の大きさより大きく見せ、距離を越えて物を逆さに映し出します。この鏡を使ってあなたが送り出すメッセージは、「あなたはそれほど大きくなく、大切ではないのです。だからあなたを逆さにすることもできるのです」ということです。

・飾りとして使う銀のガラスボール（大きなクリスマスのオーナメントのようなもの）は、鏡の代わりに外に吊るすこともできます。

不要なエネルギーを反射して取り除くために鏡を吊るすときは、大きな声でなぜそれを行うのかを言ってください。それを吊るす瞬間に、一度だけ言ってください。そうすることで、あなたの意図することが強まり、あなたの守護霊にあなたがなぜそれをしているのかを知らせることができるからです。また、あなた自身もなぜそれをしているのかを自分に言い聞かせることになります。

「誰かに言われたのでそうしている」のではなく、自分の意思でしていることの確認です。

注：これによって障害は完全になくならないにせよ、減少するでしょう。

その他の騒音

Other Noises

前ページ：太鼓の演奏はとてもよい運動にもなり、ストレス解消にも役立ち活力を得ます。サンゴ礁の近くで花火大会をすると、化学薬品の影響を自然界が受けてしまうので、太鼓の演奏は花火に代わる環境にやさしいエンターテインメントといえるでしょう。

・**花火大会**は、ハワイでは祭日やお祭りなどでよく行われます。花火をすると悪い霊が逃げてゆくといわれています。しかし本当は、その大きな音のためによい霊も逃げてしまっているのです。花火は汚染物で、特に水際で行われると悪影響が出ます。鈴や太鼓の音は汚染物ではなく、よい波動を生み出す素晴らしいアートです。

・**コキー蛙**の鳴声は騒音とハワイでは考えられています。実際、この蛙の原産地であるプエルトリコ以外の国でも騒音とされています。高いピッチの鳴声は、人々のオーラを矢で突いたように壊します。自然の音ではありますが、ハワイでの繁殖率は原産国のプエルトリコをはるかに超える勢いです。その鳴声の騒音は七十から九十デシベルといわれ、三十五デシベルの音でさえ、寝ている人間の血圧をかなり上昇させるといわれており、その音で目覚めないにしても、悪影響があるそうです（『European Heart jounal』二〇〇八年二月十二日号より）。もし家の周辺でコキー蛙が鳴いているようであれば、近所の人たちと協力してこの蛙がそれ以上増えないように対処しましょう。

・**打ち寄せる波**は、家に近すぎたり、音が大きすぎると不安を与えます。落ち着いた雰囲気の家なのに、大きな波の音でイライラさせられるのであれば、家の外側に海に向かって鏡を取り付けましょう。引越しができない場合、風水で

このラナイ（ベランダ）は、水際から約9メートル離れています。家と海の間には、低いミロの木がラナイのデッキの下に植えられています。この木がないと、家があまりにも露出してしまいます。

はこのような解決法を使うこともできます。しかし、昔から風水では、波が打ち寄せるすぐそばに住むのはよくないとされています。

家の近くの「行き止まり」標識

"Dead End" Sign near Home

前ページ：これは「通り抜け道なし」を強い言葉で表現しすぎた標識です。

英語の標識「Dead End」は、「行き止まり」です。この標識が家の近くにあり、毎日外出するたびに目に入るのは、よくありません。その「DEAD」(死)という言葉が問題なのです。人間はやがて死にますが、毎日この「死」を意味する言葉を頭に焼き付けるのは好ましくありません。アメリカに住んでいる英語の読めない人、もしくは日本ではあまり影響はありません。

解決法

最初の方法が一番よいのですが、実行は無理でしょう。二番目の解決法は、あまり効果的ではありませんが、できる範囲内ではベストの処置でしょう。

・標識の言葉を**変えてしまう**方法です。後述の、どれもあまり害のない言葉にします。実際、こちらのほうが意味を正しく伝えています。いつの日か「Dead End」という言葉がハワイの標識から消えてくれることを願います。そうすれば、問題もなくなるでしょう。

＊ Not a Through Street (通り抜け道なし)
＊ No Through Street (通り抜け道なし)
＊ No Outlet (通り抜け道なし)

・もし標識を変えられないなら、できるだけその標識を**無視**することです。お客さんに家までの道を教えるときには、決してこの「Dead End」の標識を道しるべとして使ってはいけません。

インテリア

Interior

家庭における風水の最もよい方法は、シンプルで普通であることです。風通しのよい熱帯の住居スタイル（プランテーション・スタイル）の部屋は、とてもよいデザインで心地よく住める空間です。これには、本来住居には存在すべき４つの角があります。どこが正面玄関か迷うこともありません。ただ、正面のドアがガラスになっていることが多いのは事実です（特にプランテーションの管理人の家）。

正面玄関

Front Door

前ページ：このマホガニーの正面玄関はどっしりとしていて、よく守られた家を象徴しています。正面付近はとてもシンプルかつエレガントで、お客さんを歓迎しているように見えます。

ドアの横にある窓にすだれを用いると、それを通して光が入り、プライバシーを守れます。また、もっと穏やかに見せたい場合は、置いてあるテーブルの角が鋭くドアを指しているので、角が丸いテーブルに置き換えると、エネルギーの流れがよくなるでしょう。

もし正面玄関にガラスのパネルを入れるなら、**半透明**のガラスにし、透明にしてはいけません。もしガラスが透明だと、外に誰かが立ったときに、家の中を覗かれてしまいます。その人の視線、見られているエネルギーが、あなたの家に招いていないのに入ってくることになるのです。これはその家に住む人が、住む環境を程よくコントロールできていないことの象徴です。

解決法

・**摺《す》りガラス**、**彫りを入れたガラス**、**斜角をつけたガラス**、もしくは**ステンド・グラス**を使用することで、この問題は美しく解決できます。もしガラスを取り替えるのが難しければ、薄いカーテンや和紙を内側から貼るか、ガラスの上にすだれを吊るすとよいでしょう。光は差し込んでくることができるし、外から覗かれなくなります。白い布で和紙のように見えるものなら耐久性があるでしょう。

・もし正面玄関に幅の狭いガラスが並んで入っているなら、その部分はカーテンなどで**覆う**ようにしたほうがよいでしょう。あるいは、背の高い**植木**をそのガラスの前に、家の外側と内側の両方に置くとよいでしょう。そうすることで外から覗かれることを防げます。

この観音開きになったドアは、時には両方のドアを開けて、「気」の通りをよくしましょう。このドアにはすだれかカーテンを掛けて、望まないエネルギーが外部から進入するのを防ぐとよいでしょう。
「赤」は正面玄関のドアの外側に使う色としては最高によい色ですが、内側のドアにこの色を使ってはいけません。また、この写真のようにドアの両側に先の尖った植物を置くのも避けましょう。まるで刀剣のようで、お客さんをお迎えするにはふさわしくありません。

・ドアが観音開きになる場合、できれば両方のドアを交互に使うようにします。一方のドアを閉めたままにするのなら、少なくとも一ヶ月に一度は、反対側のドアも開けてください。そうすれば、蝶番《ちょうつがい》が軋まないでしょう。どのドアも、壁のところまで全開にできるのがポイントです。ただし、ドアで壁を打ち付けないように。ドアを全開にしたときにドアが何かにぶち当たらないよう、家具や妨げとなるものを置かないことです。無理に「気」のエネルギーが入ってこようとしなくてはいけない状況はよくありません。もし開け閉めをしたときに、ドアとドアのハンドル、ドアノブがお互いにぶつかるようであれば、それは「衝突するドアノブ」といわれ、二つの頭がぶつかり合うことの象徴となり、抗論や仲違いの原因を引き起こしやすくなります。台所のキャビネット、通り抜けるだけのところにあるドアは該当しません。

・ドアノブがぶつかり合わないために、一方のドアの**設置の仕方を変えます。**

・前述が不可の場合、赤い**リボン**か赤い**タッセル**（糸の房）をどちらのドアノブにも結んでください。赤は血を表し「新しい血——新しいダイナミックなことが起こる」ことを意味します。

家の奥の窓

Back Windows

前ページ：この家に一歩足を踏み入れたときに見える状態です。正面の壁が完全にオープンな状態で、「気」のエネルギーがまっすぐに窓から抜けて出てしまいます（図C参照）。しかし、目を引く鮮やかな色のクッションが、エネルギーをそこで留まらせています。

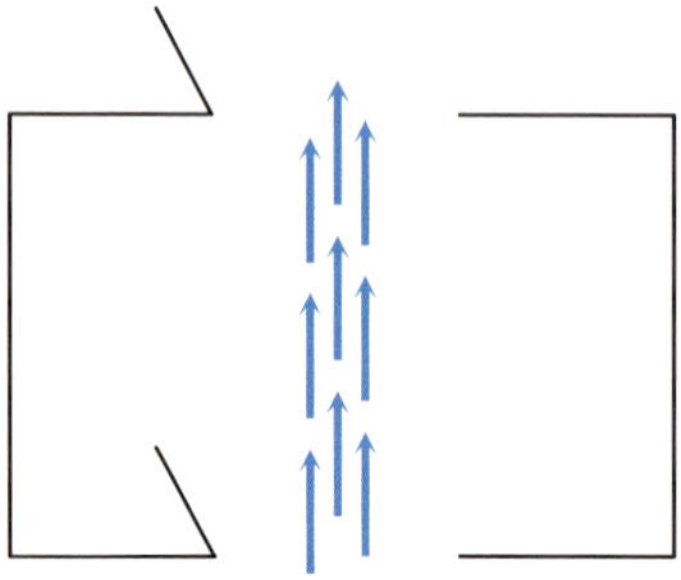

図C

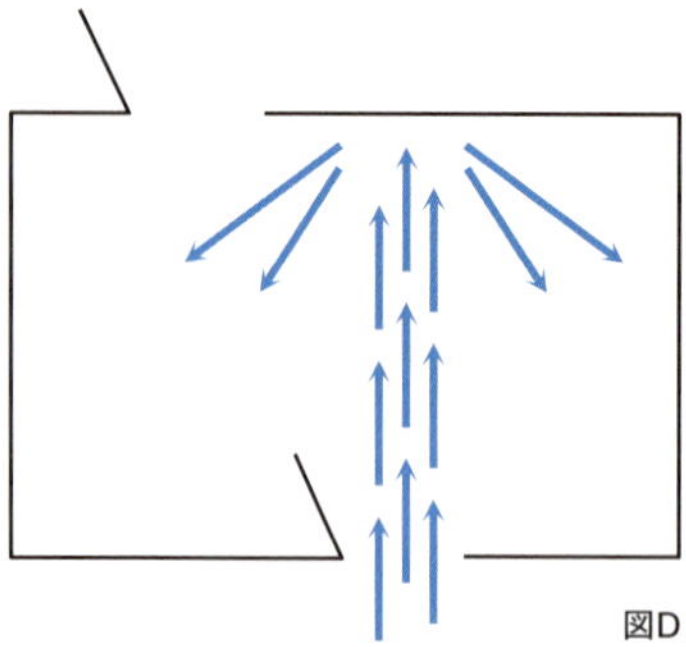

図D

ハワイの家で風水上の問題として最もよく見かけるのが、「気」のエネルギーの取り入れ方です。景色が見えることを重要視しすぎて、一歩足を踏み入れた途端、家の中が丸見えになっていたり、時には外からも丸見えということがあります。もしお客さんの第一声が、「なんて景色のよい家でしょう！」というのであれば、あなたの家では「気」は止まることなく、出ていってしまっているということです。それがいわばヒントで、気の流れを修正しなくてはなりません。もしお客さんに「あなたの家はとても素敵で、見晴らしもとてもよいですね」と言って欲しいのであれば、まず最初に家自体の状態をよくし、それから景色のことを考えるべきであって、その逆ではいけません。気のエネルギーは家の中に留まって循環しなくてはなりません。そうでないと不満が続出し、自分の人生はどこか他にあるような、そんな気分になってきます。

もし正面玄関を入ってまっすぐ、玄関から対面にあたる場所が壁である場合（壁が見えている状態）、窓かドアが付いていて、壁の向こう側の外が見える状態はよくありません。正面玄関からまっすぐの線上に透明の窓ガラスやドアを設置しないようにするのは（図C参照）、とても重要なことです。もし正面玄関からまっすぐの線上に透明の窓ガラスやドアがなければ、エネルギーは家の中に留まり、すぐには出て行かないでしょう（図D参照）。

この薄手のカーテンには竹の絵が描かれています。竹は柔軟性と耐久性を表し、ベッドルームの恋愛のコーナーには最適です。

解決法

本来の解決法は、住宅においては通常取り入れにくいものですが、できればこの解決法が最良です。光が入ってくるようにするのはよいのですが、景色が透けて見えないように薄いカーテンかすだれを掛けましょう。とはいえ、これは多くの人にとって非常に嫌なことで、「まさか！この景色がよく見えるからこの家を買ったのに」と思うでしょう。それは理解できますが、家全体を考えたとき、景色が見えることが最も重要ではないのです。

広々と景色が見えることは素晴らしいですが、何もかもを手にしようとせず、できることから、つまりエネルギーが家に留まるようにすることから始めてください。

・玄関とその対面の壁にあるドアか窓との間に、**障子スクリーン**のようなものを置いてみましょう。こうすると、エネルギーが玄関から対面のドアや窓へと抜けることなく、部屋の中を循環します。

・薄手のカーテンを対面の窓に吊るします。それが典型的な**カーテン**でなくても、新しいタイプのしゃれたものを吊るして、ハワイアン・テイストのインテリアを楽しんでください。

・何らかの**置物**を、正面玄関とその対面にあたる場所の窓やドアの中間地点に置きましょう。

たとえば、大きな彫刻や、大きなトロピカル・フラワーの盛り花、植物、ユニークな蘭などです。その置物や植物がとても目を引くことが大切です。そうでなければ解決策にはなりません。

・玄関を入って対面の壁にある窓やドアの近くに、**鏡**を貼ること（どんなサイズでもＯＫ）も効果があります。ただし窓ガラスの上に鏡を貼ってはいけません。窓の横など、近いところに貼ってください。接着剤か両面テープを使って取り付けましょう。鏡の反射面を家の中に向けて貼ってください。こうすることで、「気」が反射して抜けるのを防ぎます。

・もう一つのシンボルを使った解決法は、**面取りのしてあるクリスタル**を、玄関とその対面の壁にあるドアか窓との間に置くことです。クリスタルを、天井から釣り糸で吊るしてもよいでしょう。高さはその場に合う適当な長さを選んでください。もしくは、ペーパー・ウェイトや面取りをしたクリスタル製の置物や花瓶、キャンドル立て、キャンディ入れ、ボウル、デカンタなどをテーブルの上に置くのもよいでしょう。面取りをしたクリスタルは、「気」のエネルギーが外に出てしまう前に飛び散らせる働きがあります。太陽の光のもとで、

クリスタルが目立たないこの吊り下げ法は、ロビーの照明器具に取り付けたものです。玄関とその対面にあるドアが直線で結ばれているため、このクリスタルは「気」のエネルギーが外に出るのを防いで、分散させています。

クリスタルを手に持つと、太陽の光がクリスタルに当たって虹の光を生み出しますが、その働きを利用しています。天然のクリスタルで、透明で面取りがしてあるものも、同様に利用することができます。

・**ウィンド・チャイム**も、玄関とその対面の壁側との間に吊るすと効果があります。これも音に乗せてエネルギーを分散する力があります。

多すぎる窓

Excessive Windows

左：平らで八角の透明のクリスタルは、大きな虹を窓際に作るのに最適です。太陽の光が入ってくるところに吊るしてください。
右：透明のディスコ・ボール状のクリスタルは、風水ではよく使われるものです。天井から吊るされている、丸く優しいボール状で面取りがしてあるクリスタルは、その下をくぐり抜けたエネルギーを分散させます。

窓はとてもよいものですが、多すぎるのも問題です。床から天井まである大きな窓はよくありません。それが何枚も使われている場合は特にです。エネルギーがゆっくりと豊かに成長する間もなく、大きな窓からすばやく出て行ってしまうからです。

解決法

・どんな窓にも**カーテン**が役立ちます。薄いカーテンであれば、「気」のエネルギーを逃がさず、しかも光も差し込んでくるので効果的です。

・**クリスタル**を窓際に吊るすのも、「気」が家に留まる方法です。薄手のカーテンを吊るした上で、クリスタルを吊るしても構いません。もし窓から光が入るようであれば、八角形のクリスタルを吊るしましょう。そうでなければディスコ・ボール型のクリスタルでも構いません。鋭い先が下を向いているものや、涙型のクリスタルはよくありません。それはエネルギーを不吉なものに下げてしまいます。

窓の飾り

Window Treatment

このような上部採光タイプのブラインドは（「top-down bottom」と呼ばれています）窓の上に設置しますが、窓の下の部分のみを覆うようになっています。美しいヤシの木や青い空の景色を保ちつつ、プライバシーも守り、悪い「気」からも守ってくれます。

窓は、夜になると「ブラック・ホール」になってしまいます。夜にカーテンを引くなら壁の続きとなり、「気」は逃げることがなくなります。日中でもパノラマの風景が見える家では、プライバシーが侵害されたり、見たくもない光景を目にする恐れがあります。カーテンやブラインドを日中に引くとき、窓の下から上に向けて引っ張り上げるようなものを使用して、下半分だけでも隠すようにしましょう。そうすれば、まだ青空は見ることができるわけです。また、カフェで使用されているカーテンのように、竿を窓の上に付けて、そこに吊るすタイプでも構いません。

薄手のカーテンは日中のプライバシーを保てますが、夜は役立ちません。「気」を外に逃がしませんが、夜にプライバシーを重視するのであれば、もう一枚厚手のカーテンを吊るしておくべきでしょう。風水上、二重のカーテンにすることはお勧めです。それは特に夜、鳥の巣のように家に「陽」の心地を与えてくれるからです。

切り取られた景色・エネルギー

Split View

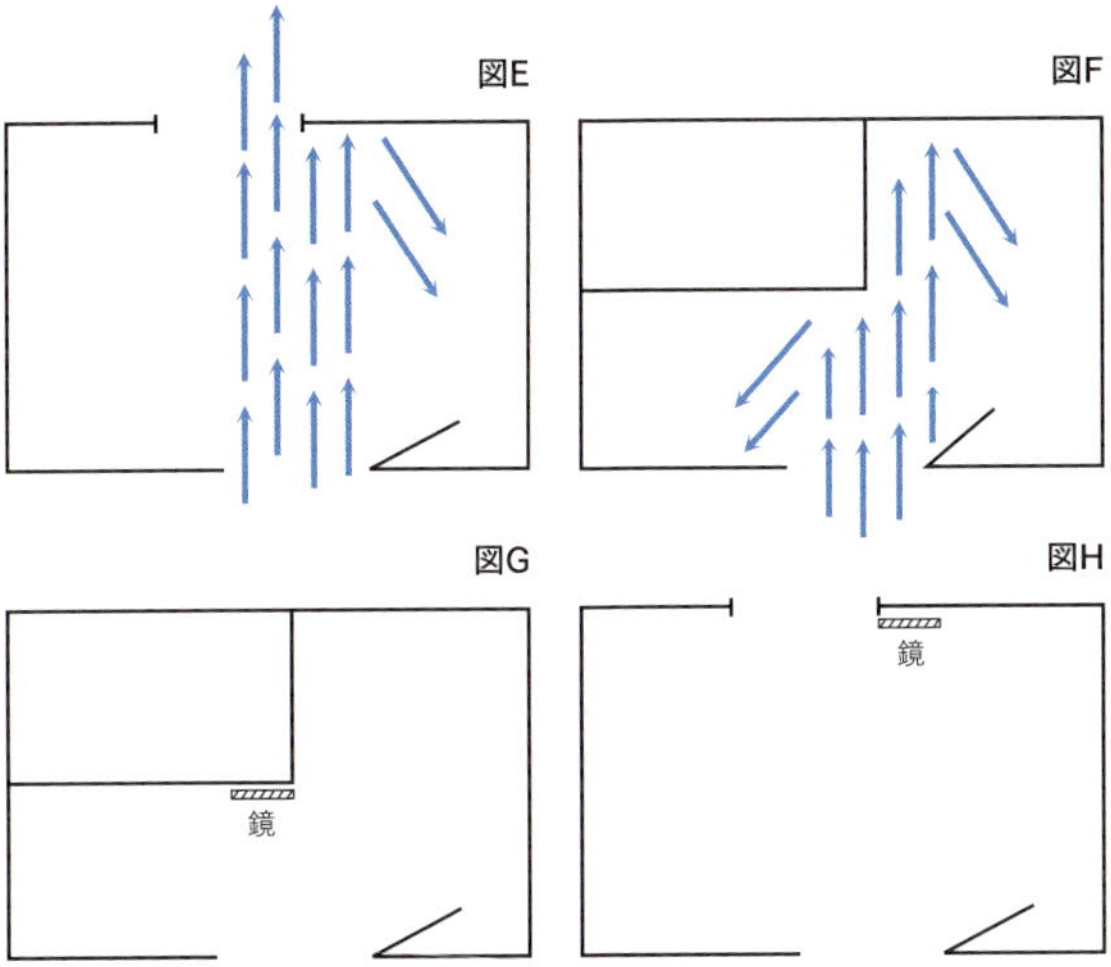

前ページ：風水では、視野もエネルギーを意味します。つまり景色が寸断されているということは、「気」のエネルギーも寸断されていることになります。

「スプリット・ビュー（切り取られた景色・エネルギー）」とは、ドアから入るエネルギーが部分的にどこかでブロックされているような場合を指します（図E参照）。エネルギーがドアの横幅（普通だいたい一メートル程度）と同じ幅でまっすぐ前に進んだとき、どこかの部分が途中で何かにぶつかる場合を、「切り取られた景色・エネルギー」と呼びます。図Fでは、一つの部屋で、玄関から対向の壁に向かうまでの間にエネルギーが切れています。このような場合、何の障害物もないときに比べて「気」のエネルギーはすばやく出て行きませんが、それでも問題が残っています。つまり、エネルギーの一部が途中で途切れるため、きれいな流れとして循環しないのです。

解決法

次の三つの解決法はいずれも、玄関と対面する壁にある窓の景色が切り取られた形になっている場合です。

・**クリスタル**を吊るします。

・**面取りされたクリスタルの置物**を置きます。

・**ウィンド・チャイム**を吊るします。

壁に鏡がある場合（左）、絵で隠してしまいます。鏡は家の中を大きく見せますが、スピリット・ビューを作ってしまいます。玄関と対面する壁は海側なので、それを変えるために山の絵を飾るとよいでしょう（右）。赤い花瓶と、そこに生けられた上向きに伸びるバード・オブ・パラダイスは、エネルギーを押し上げています。

鏡を、壁やクローゼットのドアに取り付けることもできます（図G&H参照）。**障子スクリーン**、**薄手のカーテン**、**置物**を追加するとよいでしょう。しかしこれらは、鏡やクリスタル、ウィンド・チャイムの代替にはなりません。

中央のポール

Central Pole

前ページ：この家では、中央にあるポールが、リビング・ルームとダイニング・ルームを分けています。中央にあるポールは、風水では障害のシンボルとなります。

居間の中央やラナイ（ベランダ）の中央にポールが立っていると、エネルギーの流れを分けてしまうためよくありません。その上、結局ポールが邪魔で、避けて歩くことになります。このようなポールは、風水では口論のシンボルとされています。光景がポールによって二分されており、左右の目がそれぞれ違う光景を見ているため、同意できないということです。「これは私の意見です」「いいえ、私は違う意見です」という具合になるのです。ポーチやベランダの端にあるポールは問題ありません。中央にあり、あなたがそれを避けて歩かなくてはいけないようなものが問題なのです。これは後から部屋を付け足した場合によく起こる問題です。また、ハワイによくあるコンドミニアムでは、カウンターから柱のようにポールが出ていたり、カウンターの横が壁になっていたりすることが多いようです。部屋の中央にあって邪魔になるポールは、すべて問題となります。

解決法

・ポールの横に何か背の高いものを置きましょう。そうするとポールとその背の高い物はグループ化し、ポールだけが突起して見えなくなるからです。ポールが目立たないので問題も減少します。柱の横に置く背の高い物の例を挙げます。

＊**背の高いスクリーン：**障子スクリーンなど。

解決法はポールの横に背の高いものを置くことです。それにより、ポールが目立たなくなります。森の中にある１本の木のように感じるでしょう。この家主は、大きな造花の植物を使っていました。

背の高いスクリーンは部屋の真ん中にある柱を隠し、目立たなくしてくれます。

＊**背の高い植物**（生きたものでも造花でも）：観音竹は他の植物よりも光が少なくても育ちます。また広がって伸びないので、部屋の中でも邪魔になりません。デヘンバキアも、別名「dumb cane（馬鹿な杖）」と呼ばれているわりには、この条件には適しています。アメリカニンジンもよいのですが、これは光が十分に必要です。ポリシャスは、シダのように楽しい気分にさせてくれる葉を持っています。

＊**吊り下げる植物**：フィロデンドロンやポトスまたはホヤ。これらはポールの横に吊るすことができるので、床のスペースを取りません。柔らかく包み隠すように育ってくれます。ホヤの一種、サクランは、香りもよいので最適です。

＊**背の高い家具**：本棚やキャビネット、移動式の食器棚など。地震や子どもが登ったときのために、動かないように固定しておきましょう。すわりが悪い家具は家のどこにあってもよくありません。特に壁際に置かれていないものは、なおさらです。ハワイでも、地震があります。不安定なまま放置していると、無意識のうちでも危険であることは察知しているはずです。前もって安全にしておけば、心穏やかに過ごせるでしょう。

・**しっかりした鏡**をポールの両脇に置くことも可能です。これは、ポールが四この竹は、スパティフィラムと一緒に置かれています。竹は背が高いですが、天井までは届いていません。植物が天井まで到達していると、それはあなたが限界に達したことを意味してしまいます。

角で平らな側面がある場合に可能です。鏡のタイルは使わないでください。鏡のタイルは人の姿を切断して映します。まるでオーラに空手チョップを食らわせたようになります。この方法を使用するときは、一枚鏡をそれぞれの側面に貼り付けます。つまり、長い長方形の鏡が必要です。鏡はそれぞれのポールの側面を完全に覆うように取り付けてください。

旋風

Whirlwind

ビーズのカーテンは旋風からエネルギーを守りつつ、しかも通行にも便利です。

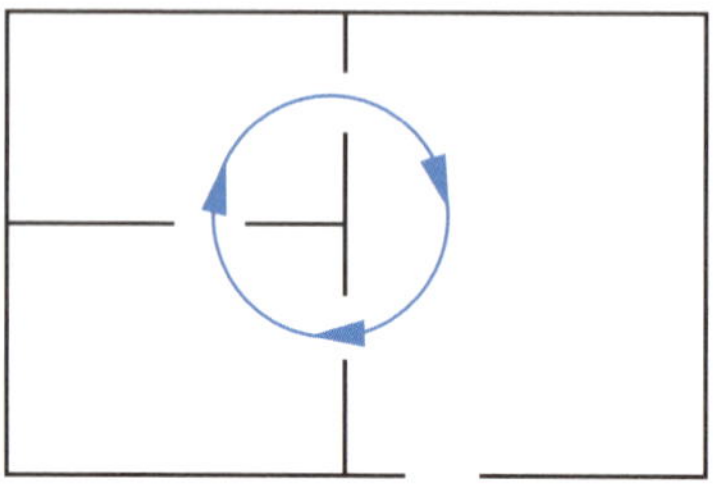

図1

旋風のエネルギーは、「レース場のトラックのエネルギー」ともいわれています。「気」のエネルギー、もしくは人が家の中でいくつかのドアをくぐり抜けて、円を描いて歩くことになることを指します（図1参照）。これは時間の無駄であり、どこにも辿り着けないことを意味します。

解決法

・**ドアを閉めましょう**。少なくとも一つのドアは閉めてください。これが最高な方法です。

・もし通路上、閉めることのできるドアがなければ、**ビーズのカーテン**（もしくはどんなカーテンでも）を通路に吊るしてください。

・**クリスタル**か**ウィンド・チャイム**を、通路もしくはあなたが円状に歩く通路のどこかで、自分の頭上にあたる位置に吊るしてください。

・厚手の**カーペット**も「気」のエネルギーのスピードを減速させるのに役立ちます。特にハワイでは、室内を裸足で歩くことが多いので適しています。裸足には、ソフトなカーペットの感触が心地よく感じられるでしょう。

レンガの壁

Brick Wall

右：家の中に入った途端、左に曲がって部屋に入ります。ドアを入ってすぐのところにある壁を「レンガの壁」と呼びます。たとえそれが木製であってもです。これは障害物であり、計画を妨害する象徴です。このような壁に吊るす理想的な絵は、この写真よりもっと厚みのあるものがよいでしょう。

左：ティ・リーフの絵の後ろに小さな鏡を貼り、壁を取り除くシンボルに使っています。この壁に大きな鏡を取り付けると、壁を取り除くことになりますが、エネルギーを家の中に急激に流し込んでしまいます。

「レンガの壁」といっても、実際にはレンガで作られているものではありません。部屋に足を踏み入れたときに目にする、ドアの横にある壁の造りのことです。入り口を入ってすぐに、あなたを右か左かに曲がらせようとする壁です。それは障害物の象徴ではありますが、簡単にシンボルを使って修正できるので、壁を取り壊す必要はありません。

解決法

・その壁に厚みのある**写真**を吊るしましょう。部屋に入るとその額に目が行くようになります。

・**複製画**や**壁画**（インターネットでも買えます）をはめ込み、そこに目が行くようにしましょう。そうすることで壁が消えてなくなったように見えます。

・ドアに対面するように、**鏡**を壁に吊るします。鏡はスペースを広く見せます。ただし、大きすぎる鏡はここには適さないので、厚みのある小さめの鏡を貼り付けることをお勧めします。

天井

Ceiling

ラウハラ・マットは梁を隠せるだけでなく、トロピカルな雰囲気を醸し出します。ハワイアン雑貨のお店などでお探しください。

ハワイでの天井に関する典型的な三つの問題は、梁がむき出しになっていること、天井が傾斜していること、そしてシーリングファンです。ハワイの多くの家庭では、天井の高さは適度なものになっていますが、時々高すぎたり低すぎたりというのも見かけます。

むき出しの梁の下で長時間過ごすのはよくありません。梁は屋根の圧力を支えているわけで、そのすぐ下から床までの間のエネルギーは圧力のある重いエネルギーとなります。むき出しの梁の下で時々過ごす程度なら構いません。しかし、ベッドはむき出しの梁の下に置くべきではありません。人生の三分の一はベッドで過ごします。よって、この天井の下で寝るということは、人生に大きな影響を与えてしまいます。また、机と椅子、ダイニング・テーブル、ソファーなど、よく座る場所をむき出しの梁の下に設置しないことです。台所のコンロのそばに立つときも、梁が頭の真上にならないようにします。

解決法

むき出しの梁が頭上にくる場合に解決できる五つの例を挙げます。

・梁を板などで**隠して**ください。これが最高の解決法です。風水に関していうならば、こうすることで問題は解決します。もし天井を新しく替えられないのであれば、布地やラウハラ・マット（ハラという植物の葉で編んだマット）を梁の上からかけて覆ってしまうことです。

むき出しの梁を天井と同じ色に塗った場合、目立たなくなるため問題も減少します。

ハワイ島の火山の近くにあるクライアントの家に行ったとき、ベッドの上には七つのむき出しの梁がありました。そのため、この梁を布地で覆って問題を解決するように勧めました。彼は大好きなインドのショールを使うことにし、天井にピンで留めました（風水上の問題を先延ばしにしているよりも、すぐに解決することが重要です）。彼は翌朝電話をしてきて、過去三年間、彼が目覚めるといつも足首が腫れていたのに、今朝初めて足が腫れなかったと知らせてくれました。

・梁を天井と同じ色に**塗って**ください。そうすれば目立たなくなるので、問題は減少します。

・**クリスタル**を梁から吊り下げます。クリスタルはエネルギーを分散してくれます。そして、よくないエネルギーがあなたに到達する前に、害なく空中に分散してくれるのです。透明で面取りがしてあるクリスタルを、よく過ごす場所の真上に吊るしてください。高さは好みで結構です。釣り糸で吊るしておくとよいでしょう。また**ウィンド・チャイム**もエネルギーを分散させるシンボルなので、クリスタルの代わりに使っても構いません。

・上向きに広がった形の**照明器具**を使って梁に光を当てます。こうすると梁か

この壁には円錐状の照明が付けられ、むき出しの梁からの圧力を跳ね返すような光を放っています。

ら下に向けて出るエネルギーを打ち消してくれます。上向きに広がった形の照明器具とは、トーチ（松明）のような形のものや円錐形、スポットライトのような、上に光を出すものです。

・**先の尖った植物**か**置物**を梁の下に置いてください。サンセベリアが妥当かと思います。

・もし前述のどれも使用できない場合は、小さい**鏡**（ミラー・コースターのようなもの）を梁の下のテーブルに置きます。鏡は上向きに反射するので、梁のエネルギーを打ち消してくれます。

・風水上、竹の笛もこの梁の問題の解決に使われます。飾りとしては不向きかもしれませんが、もし気に入れば使ってください。笛を使う場合は、二本の笛をそれぞれ梁の端に一本ずつ吊り下げます。どちらの笛も壁際に吊るし、四十五度の角度で吹き口が下になるようにします。離れて見たときに、ちょうど梁の両端に「ハ」の字を形作るように吊り下げます。赤いリボンか紐で吊るすとよいでしょう。笛の明るい音がシンボルとして利用されるので、梁のエネルギーを上げるのに役立つとされています。

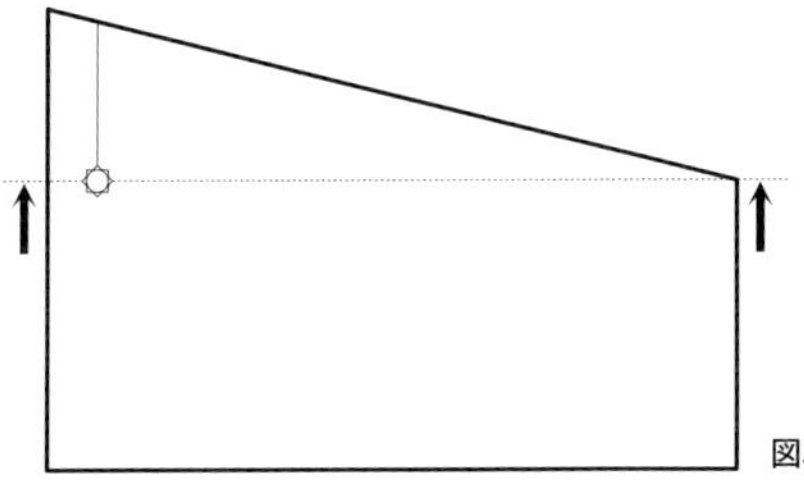

図J

むき出しの梁が問題にはならない場合が二つあります。一つは、「二×四工法（木造軸組工法）」の造りの家ですが、その多くは組み立て枠で屋根も支えられているため問題にはなりません。これは古いプランテーション・スタイルハウスも同じです。中央に梁があるだけで、支えのための梁はありません。よって、中央にある梁だけに注意をすればよいわけです。

もう一つは、梁がかなり高い場所にある場合です。たとえば、九メートル程の高さの場合、あなたと梁の間の空間の悪いエネルギーは弱まります。

傾斜した天井

傾斜した天井（梁がむき出していなくても）も、風水上では問題とされます。天井の一番高い部分のエネルギーが広がりやすく、天井の低い部分のエネルギーに圧力がかかるからです。天井の一番低い部分が、床から二．五メートル以下の場合、ベッドの枕の位置を傾斜した天井の一番低い場所には置かないようにしてください。また、傾斜した天井の低い場所に、椅子などいろいろな物を置かないでください。もし家具を動かせないのであれば、前述の三つの解決法を使ってください——**照明器具**、**先が尖った上向き**の置物か植物、**鏡**もしくは天井の一番高い部分にクリスタルを吊り下げる——。図Jのように吊り下げて、天井の低い部分と水平になる高さを保ってください。こうすることで天井の高さが同じになることを意味します。

涙型のクリスタル（左）は、きれいですが面取りをしていないので、風水上では意味がありません。ディスコ・ボール状（右）のものは、押し型ガラス製ではありますが、面取りがしてあるため効果はあります。現在シーリングファンに付いているものはクリップで簡単に取り替えることができます。

シーリングファン

シーリングファンは、ハワイではよく見かけられます。特に風通しの悪い場所では重宝されています。この便利さにもかかわらず、部屋によくないエネルギーを持ち込むのです。最も目立つ部分は、羽根の部分です。これはちょうど、ナイフで切るようにエネルギーを切るとされます。回る扇風機に手を入れると指が切れてしまいますよね。まさにそれと同じです。もう一つの問題は、羽根が手を広げているかのようだということです。つまり、シーリングファンがあなたの上で手を広げて頭を押し下げているかのようなのです。羽根は、むき出しの梁と同じく、シーリングファンのすぐ下側に直接エネルギーを押し下げます。

解決法

幸いにも、いくつかの解決法があるので、シーリングファンを取り去る必要はありません。

・一番簡単な方法は、シーリングファンのスイッチになる紐の先に**クリスタル製のスイッチ**が付いているものを使うことです。金物屋などで手に入るはずです。押し型ガラスのクリスタルでも構いません。シーリングファンとあなたの間にこれがあることで、悪いエネルギーがあなたに届く前に分散します。

左上：この編んだ羽根は低い天井に適しています。色も薄く部屋であまり目立たないからです。
左下：これは今まで見た中で、一番温かい感じのするシーリングファンです。おばさんが涼むために使っていたうちわに似ていますね。
右上：これは見た目がとても優しく、通常の羽根のイメージとは違います。空気もよく循環し、エネルギーも回してくれます。

・もしシーリングファンが天井の色と**同じ色**であれば、あまり目立ちません。そうすると、問題も減少します。しかし羽根の白い裏側が見えたりすることもあります。もしそうであれば、その部分も天井と同じ色に塗りましょう。

・風水上問題がないシーリングファンも売られています。羽根がラウハラやココナッツの葉を編んだものは、とても温かいエネルギーを持っています。ちょうど教会でおばさんたちがうちわで扇いでいるような感じです。透かし織りにした籐のタイプは、空気を循環させにくいので使用しないでください。

天井の高さ

天井が**低すぎる**と空間が狭く感じられ、違和感があります。天井が**高すぎて**もエネルギーを保つことができません。また天井が高すぎると落ち着かないかもしれません。天井が高い建物は、家よりもビジネスに合っています。

低い天井の解決法

・白い色を**塗る**ことです。そうするともっと広く見えます。

・上向き**照明器具**を使いましょう。上向きに光が当たることによって、エネルギーも上向きに変わります。

高い天井の解決法

・低く見せるために濃い色を**塗り**ましょう。

・**クラウン・モールディング**（壁と天井の交差する部分を覆う帯状の仕上げ）を取り付けることです。このモールディングの上から天井と同じ色に壁を塗ります。

・ほとんどの**照明器具**を下向きにします。床に光が集まると温かな感じを与えます。

・濃い色の**家具**を置くと、重厚感が出てエネルギーがしっかりと地に着く感じになります。

天窓

Skylights

前ページ：四角い天窓は、不吉さを与える「弾丸の穴」のような丸いタイプのものより好ましいです。

この天窓はホールの上にあって、太陽の光を心地よく取り入れています。また、エネルギーが溜まりすぎず、かつ「気」のエネルギーが漏れ出ないようになっています。

天窓は、ベッドの真上、キッチンのコンロの真上、机の真上でなければ問題ありません。これらは「気」の位置のあるところで、その上に天窓があると、そこから「気」が抜けてしまいます。この三つの大切な「気」の位置は、そのまま消さぬように保たなくてはなりません。

天窓に最適なのは、玄関です。正面玄関を入ったところに、「明るい廊下(ming tang)」と呼ばれる場所があります。ここが天窓からの光で明るくなると、あなたの生活にもよい「気」が入ります。

天窓は、側面に窓がなくて十分明かりが入らないような場所、長い廊下やお風呂場などに作ると効果的です。「太陽の光のチューブ」のような円柱状の光は、入ってこないよりも入ってくる方がよいのですが、実は好ましいとはいえません。つまり、家の屋根に弾丸で穴が開いたような状況を作り出すからです。もしこのような光が天窓から入ってくる場合は、その下にクリスタルを吊るしましょう。そうでなければ、ベッドやコンロ、机の上に天窓があるときにのみ、クリスタルを使用します。ただしクリスタルを使うのが好きな場合は、どのような天窓の下にもクリスタルを使うことをお勧めします。

解決法

・八角形かディスコ・ボール状の**クリスタル**を天窓の中心に吊り下げます。透明のクリスタルを、釣り糸のような透明な糸で吊り下げてください。まずその

薄手の布地は、風水ではいろいろな解決法として使われています。光を中に取り入れながらも、「気」のエネルギーを逃がさないからです。

糸で天窓を二分するように、ちょうど天窓の中央にあたるところに端から端へと糸を張ります。その張った糸の真ん中に、もう一本糸を結んでクリスタルを吊るします。クリスタルは時々アルコールなどで拭いてきれいにします。アルコールはすぐに乾き、輝きを保ちます。クリスタルはエネルギーの分散を象徴します。

・白く**薄い布地**を天窓の下に吊るします。薄い布地は光をたっぷりと部屋の中に入れることができますが、「気」が逃げるのも防ぎます。

もしベッドの上に天窓がある場合、厚みのある布地で天窓を覆うと気分が落ち着くようであれば、覆ってみましょう。ベッドの周辺は、鳥の巣のような温かさを感じる場所であってほしいものです。天窓の下にキャノピー（天蓋）のついたベッドを置くのもよいでしょう。コンロの上には、布など可燃性のものを風水として使用しないでください。

・もし天窓に**覆い**があったり、ドアのような開閉式になっていて閉めることができる場合は、寝ているとき、調理をしているとき、仕事をしているときは閉めておきましょう。

バスルーム

Bathrooms

シンプルな装飾は陽を意味し、湿った陰のエネルギーによる偏ったバスルームのバランスをよくしてくれます。しかしこの部屋は少しシンプルすぎます（掃除をするのは簡単ですが）。黄色いハイビスカスの絵を壁に描いたり、青いふちどりや、光沢のない色をハイビスカスの周りに塗ってもよいでしょう。ホームセンターに行くと、ドアの開閉用にいろいろな部品が売っています。

風水では、バスルームは「水」の多い、とてもバランスの悪い部屋と考えます。台所も水の多い場所ですが、コンロの火、オーブンやその他の電気器具があるので、バランスが比較的取れているのです。陰陽のバランスからいうと、バスルームは陰の要素が強すぎるわけです。この陰陽のバランスのエネルギーを保つためには、飾りをシンプルにすることです。小さい、いろいろなものがたくさん置いてあるような飾り付けは陰を示します。シンプルで最小限の飾りは陽を意味します。常に清潔に保っておくことを差し置いても、バスルームの飾り付けはシンプルであればある程よいわけです。

空気の循環の悪いバスルームは、カビが生えやすくなります。ある意味で、家の一部分が腐って死んでいくようなものです。これはあなたの生活にも悪い影響を及ぼします。よいバスルームは、新鮮な空気がたくさん入ることです。エアーフレッシュナーを使って新鮮にするのではなく、窓を開けたら外の空気が入ってくるようにするのが一番です。ハワイは心地よい風が吹いているわけですから、窓を開けて自然の空気を使いましょう。

しかし、ドアを空気の循環に使うのはよくありません。できる限り、バスルームのドアは閉めておきましょう。湿った陰の要素や、排泄物のエネルギーから他の部屋を守ります。もしもバスルームのドアのみから空気が入ってくるのであれば、開けておいてもよいでしょう。しかし不必要には開けないようにしてください。ドアをほんの少し五センチ程開けておけば十分です。もし換気左：これは蓋が落ちるのではなく、ワンタッチで蓋がゆっくりと閉まるトイレの蓋です。とても便利で、衛生的です。
右：自然にドアが閉まる蝶番はいろいろあります。これは普通の蝶番のように見えますが、多少太めのものです。

扇を付けるのであれば、できるだけ音の静かなものにしてください。
ドアのないバスルームも、風水上よくありません。中にはバスルームにドアがない方が開放感があり、スイートルームとしては豪華なランクに入ると考えるようですが、豪華さは必ずしも常識とは一致しません。風水上、バスルームにドアがあるのは常識です。プライバシーを与えると共に、排泄物によるエネルギーの波動が他の部屋に流れるのを防ぎます。少なくともすだれやカーテンをドアの代わりに使い、他の部屋にバスルームのエネルギーが流れないようにしましょう。薄い板が重なるようになった構造のルーブルドア（ブラインド扉）も、風水上好ましくありません。バスルーム内にある物入れのドアは、問題ありません。バスルームのドアは、独りでに閉じる蝶番《ちょうつがい》を付けたものが好ましいかと思います。一番安い上に、いちいちドアを閉める動作をしなくても自然と閉まってしまうからです。
バスルームに関するもう一つの問題は、排水溝の数です。普通は少なくとも三つあります。水は「富」を表し、ハワイ語で「waiwai」と呼ばれますが、その水が家から出ていく場所だからよくないのです。排水溝を見えなくするのがベストです。もし目に入らなければ、水が出ていくように感じられないからです。排水溝を覆うために、ご自分で想像力を豊かに使って考えてみてください。ストッパーで閉めてしまうという手もあります。バスタブの排水溝は、カーテンかドアを半分程閉めれば見えなくなります。トイレのボウルの穴は蓋を閉めればよいのです。最近では、蓋が自動に閉まるトイレもあります。

　バスルームのドアを使っていないときは閉めておくべき、トイレを使っていないときは蓋を閉めておくべき、もう一つの理由があります。蓋を閉めてから水を流すことで、排出物からのエネルギーの波動にあなた自身が触れずにすむのです。このように、風水の大きな問題は、指の動き一つで解消できるのです。オフィスなどにあるトイレで蓋がないものは、蓋を付けてください。

　また水漏れをする蛇口も修理してください。あなたの「waiwai」がそこからも漏れ出てしまっています。

バスルームの飾り付け

　バスルームはすべて水なので、水を象徴するような物は置かないことです。ハワイのバスルームには、海をテーマにした魚の絵のシャワー・カーテンや貝殻の形をした石鹸、波の絵が壁に掛かっていることがあります。すでに陰である部屋なのに、これではあまりにも陰の要素が多くなりすぎです。バスルームには植物をイメージする物を置くのがベストです。植物は水を吸うので、部屋にバランスを与えます。生きた蘭を置くのが理想的ですが、よくできた造花を置いても構いません。

　竹は、アジアやインドネシアのようなインテリアによく合います。プルメリアやハイビスカスは、ハワイらしさを強調し、手軽によく見せることができま

左：サンセベリア・トリファシアータの葉は上を指すように伸び、トイレの排水溝の下に下がるエネルギーを和らげます。
右：角のない丸い石（pohaku）は、静止を表現します。水の排水時に幸運も流されないようにつなぎ止める役割を果たします。石は大きい程よいです。

す。緑は小物を象徴するので、バスルームにはよい色です。

生きた植物で、葉が垂れ下がってこないものは、バスルームには最適です。尖った葉を持つサンセベリア・トリファシアータは、排水溝の辺りに置くと効果的です。アガベやユッカのように、葉は広がらず上向きに伸びます。サンセベリア・トリファシアータの葉はまっすぐに伸びるだけで、周囲に広がって人を指差すような感じにはならないのです。尖った先のある植物は、風水ではよいとされていますが、人を指差すようにならないことが先決です。植物が上向きに生えるのは、排水溝の下に下がるエネルギーを救います。風水において排水溝は、水（富）が出ていく場所なので、いつも問題となります。つまり、お金がどんどん出てしまうということです。

排水のエネルギーを救えるもう一つの自然の飾りは、ハワイでは「pohaku」と呼ばれている大きめの重い石です。これらの石を流し台の下かトイレのタンクの下に置くことをお勧めします。石は静止を意味するので、重い程よいでしょう。丸い石（水で角が丸くなったようなもの）は、掃除もしやすく、部屋の中ではゴツゴツした岩より見かけもよい飾りとなるでしょう。石の下にフェルト布などを敷いて、床が傷付かないようにしてください。

再度言いますが、バスルームの飾りはシンプルでゆったりしたものが好ましいです。エレガントな雰囲気でもよいのですが、いろいろな物を置かないことです。柄の入った布は使わない方がよいでしょう。ユニークで目立つ飾りを一

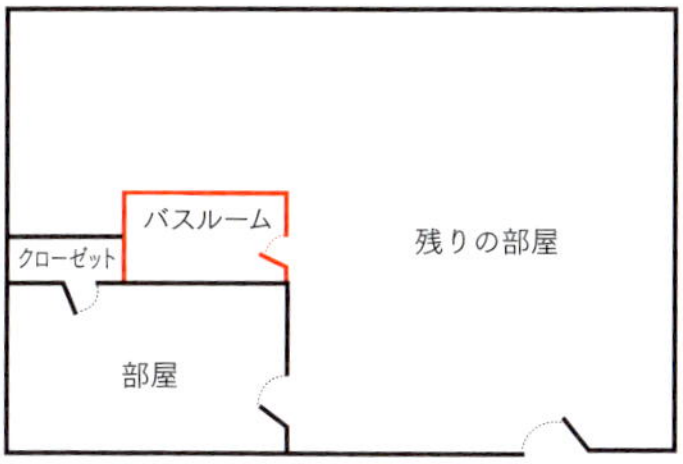

図K：「中央のバスルーム」は建物の中央にはありません。他の部屋に囲まれているものをそう呼びます。

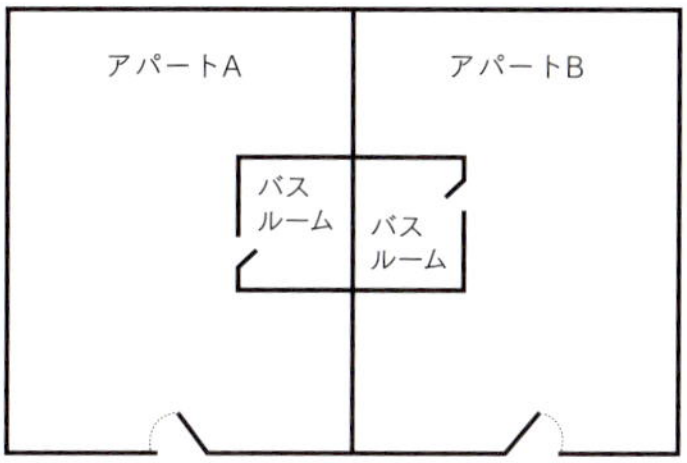

図L：これは「中央のバスルーム」とは呼びません。バスルームの壁が他人の部屋の壁に接触しているからです。

つか二つ使って装飾しつつ、その装飾を施す意味を口に出して言いましょう。バスルームは水ばかりの陰のエネルギーなので、最小限の装飾をすることで陽のエネルギーに変えられます。

中央のバスルーム

実際には建物の中央になくても、他の部屋に囲まれた形になっているバスルームは、「中央のバスルーム」と考えられます。図Kを見てください。貸家やマンションで、バスルームの一面の壁が、あなたの部屋の一部ではなく、隣の家と接触している場合は「中央のバスルーム」とは考えません（図L参照）。バスルームの一面の壁がガレージに接触していて、それが家の外側の壁ではない場合でも、そのガレージの中にいつも車が駐車されているのであれば問題はありません。車の出入りによって起こるエネルギーは、ガレージ外部のエネルギーに影響するからです。もしガレージに車が駐車していないことが多い場合は、そのバスルームは「中央のバスルーム」と考えられます。

中央にバスルームがある程悪いことはありません。私の知る数家族の家に「中央のバスルーム」がありましたが、病気、離婚、破産などの問題を抱えていました。風水では、家の中心は人生の中心を意味すると考え、最も不可欠な場所なのです。この一番大切な場所に、最大の問題があるバスルームがあるわけです。

過去の人間の歴史において、多くはバスルームが屋外にありました。私もそのような環境で育ち、今も世界中の多くの場所にそのようなところがあります。現代の排水技術が家の中にバスルームを置くことを可能にしたのです。また多くの家庭にはないものの、最近人気が出てきた、「インテリア・バスルーム」と呼ばれるパウダールームのある大きな家も増えています。もしバスルームがトイレと分かれた構造になって、トイレとバスルームに別々のドアがあるなら問題はありません。トイレはバスルームの一部ですが、もしバスルームのどこかの壁が外側の壁に接しているのであれば問題ありません。「中央のバスルーム」に天窓があったとしても、それは「中央のバスルーム」と考えます。つまり天窓が開いていると陽の要素を取り入れられますが、「中央のバスルーム」という位置を打ち消すことにはならないからです。

解決法

本当の解決法は、バスルームの位置を変えることです。ほとんどの人には無理なことですが、これで百パーセント問題は解決します。シンボルを使った解決法は完璧とはいえないのです。どんなにシンボルを使ってみたところで、バスルームが中央にある家に住む人は、その人が持つ最高の目的を果たすための助けには十分ならないように感じます。

これから挙げる最初の二つの解決法を除いたものは、どんなタイプのバスルームにも効果がありますが、「中央のバスルーム」がある場合は、特に最初の三つが有効的です。

・鏡をすべての壁（天井を含む）に百パーセント貼ります。これは少しやりすぎのように思えるかもしれませんが、風水上とても困難な問題を解決するために、この方法は有効とされています。鏡は大きな一枚板を使用し、小さいタイル状のものを何枚も使用するのはお勧めできません。つなぎ目が人の像を切り裂いたように映し出すので、不健康になります。実際私たちはそのような姿には見えませんが、できるだけつなぎ目は少なくしてください。しかし、この方法もほとんどの人には不可能かもしれません。その場合、「中央のバスルーム」にできるだけ多くの鏡を吊り下げることです。

・その他の選択肢としては、バスルームの壁をメタリック色に塗り変えることです。また、バスルームの上（二階）にリビングルームがある場合は、天井も塗り変えるとよいでしょう。この目的で塗る場合に最適なのは、私の知る限りでは『モダンマスターズ』のペイントです。また『Cavalier Wall Liner』（日本未入荷）では、素敵なグリーンや金色の東洋調の模様を含むメタリック系の壁紙を扱っています。

・もし他にもバスルームがあるのであれば、「中央のバスルーム」をなるべく使わないようにすることです。

・**バグア・ミラー**をバスルームの外に吊るしてください。バグア・ミラーは通常部屋の中に吊るしませんが、この場合は吊るしても構いません。

・バスルームのドアの外側の壁に、**鏡**を貼ります。それはバスルームから出ようとする「気」のエネルギーを、バスルームのドアが開いていてもバスルームの中へと押しやります。

・大きな**姿見の鏡**をバスルームのドアの外側に取り付けます。これは普通引き戸タイプのスライディング・ドアに取り付けられていることが多いですが、蝶番のあるドアの方がより適しています。バスルームにやって来たとき、その大きな窓（＝大きな鏡）を通して見ても、中が見えません。今その人がいる部屋が映し出されて見えるだけです。こうしてバスルームの存在を消すのです。これはバスルームがキッチンに向いている場合に使うと有効です。ただしバスルームのドアはいつも閉めておいてください。

・とても小さい（五センチ程）**ウィンド・チャイム**をバスルームの中の天井から吊るします。透明の押しピンと釣り糸を使って吊るしてください。ドアから

約十五センチの高さのところに吊るし、ウィンド・チャイムの下が、かろうじてドアの上の部分に付く程度にしておいてください。音は柔らかく静かで、心地よいものを選んでください。これはドアを開けた途端に頭上で高いピッチの音が鳴ることを利用した、シンボル的な解決法です。部屋の下に下がるエネルギーは、その音ですぐに上がります。音がハイピッチで低い音ではないので、効果があるのです。もしウィンド・チャイムがとても小さければ、どんなバスルームにも最適です。この解決法は、ポケット・ドア（壁の中にドアを収納できるようになっているもの）には適しません。これは山に向かっている正面玄関のエネルギーを上げるための解決方法と同じです。

・**動物や人間**を象徴する物も効果があります。動物は「命の灯」を象徴するので、水のエレメントのバランスを助けます。しかし水に棲む動物は避けてください――魚、イルカ、クジラ、甲殻類、珊瑚――。これらは湿りっぽいエネルギーの部屋をさらに湿らせてしまいます。

・**赤い紐かリボン**を洗面台の下の排水管に結んでください。配水管ではなく、排水管にだけ巻いてください。これで排水するという行為を切り取ることになるので、その後は水が排除されない（お金が無駄に出ていかない）ことになります。台所の排水管にも使えます。もし排水管が床の下にあってもアクセス可

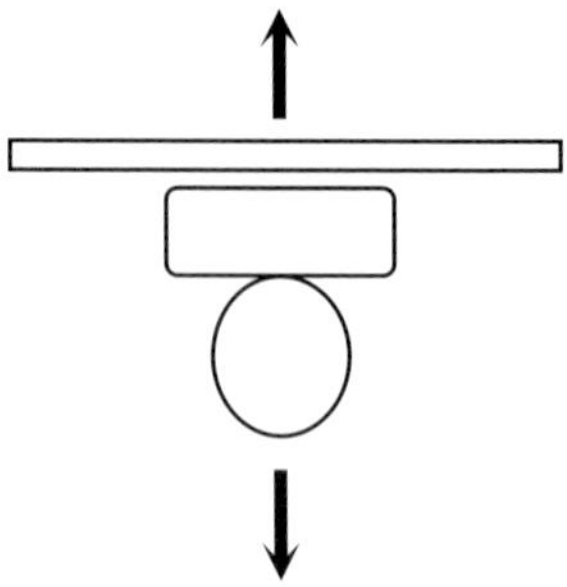

図M：便器を上から見たとき、エネルギーは前と後ろに壁を通して直進しています。１階建ての家では、考慮すべきエネルギーの位置です。

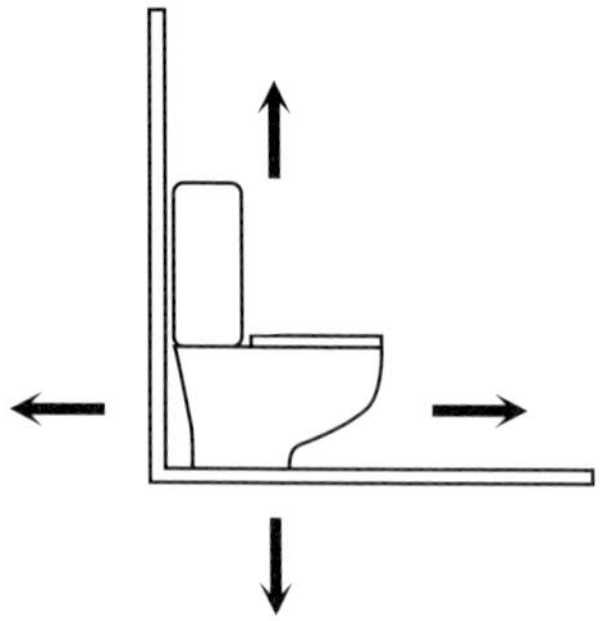

図N：便器を横から見ると、前後と上下にもエネルギーが直進しています。

能であるなら、シャワーやバスタブ、トイレの排水管に巻いても構いません。

便器

便器がどちらの方向を向いているかは重要です。便器のエネルギーはまっすぐ上、まっすぐ下、まっすぐ前と後ろに向かいます。このエネルギーは左右には動きません。便器は、ベッドや机、コンロ、よく使うソファーなどに向かってエネルギーを出すべきではありません。また正面玄関に向いていてもいけません。

・便器の後ろ側が図MかNにあてはまるとき、小さい鏡を便器の水槽タンクの後ろに取り付けてください。反射面がタンクに向くようにします。これは便器の波動を隣の部屋へと向かわせないためのシンボルです。ルームシェアをしていて、あなたの部屋に専用バスルームがある場合は、あなたの部屋のトイレのある壁側に、鏡の反射面を壁に向けて貼り付けるとよいでしょう。トイレの壁の裏側が正面玄関への通り道になっている場合、よいチャンスがあなたに来る前に流されてしまうことを象徴しています。その場合も、タンクの後ろに反射面をタンク側に向けて鏡を貼ってください。

もし便器の正面が図M、Nいずれかを指し示していた場合、小さい鏡を便器の前の壁に、便器の高さのところに貼ってください。そうすれば、鏡が便器に向けて反射します。もし鏡を目立たせたくなければ、鏡の上から色を塗っても構いません。もしくは、隣の部屋の壁に、便器と同じ高さの位置に鏡を貼ってもいいでしょう。ただし光がエネルギーを押しやりますので、鏡の反射面をトイレに向けて貼ります。

・もし便器が、机の下、コンロの下、ソファーの下の位置になる場合（バスルームが下階にある場合）、バスルームの天井の便器の上に、鏡の反射面を便器に向けて貼ります。また、机、ベッド、椅子、コンロの下に、鏡の反射面をトイレに向けて貼るとよいでしょう。

・もし便器が、机の上、コンロの上、ソファーの上の位置になる場合（バスルームが上階にある場合）、ベッド、机、椅子、コンロの上の天井に、鏡の反射面を便器に向けて貼ります。鏡の上から目立たないように色を塗っても構いません。

・どのようなバスルームにも、便器の真上の天井に、直径二・五センチ以下の小さい鏡を、トイレを映し出すように貼るとよいでしょう。接着剤か両面テープを使って貼ってください。この場所に貼った小さい鏡は、便器から流出するエネルギーを制御することを象徴しています。便器の上に鏡があるので、ちょ

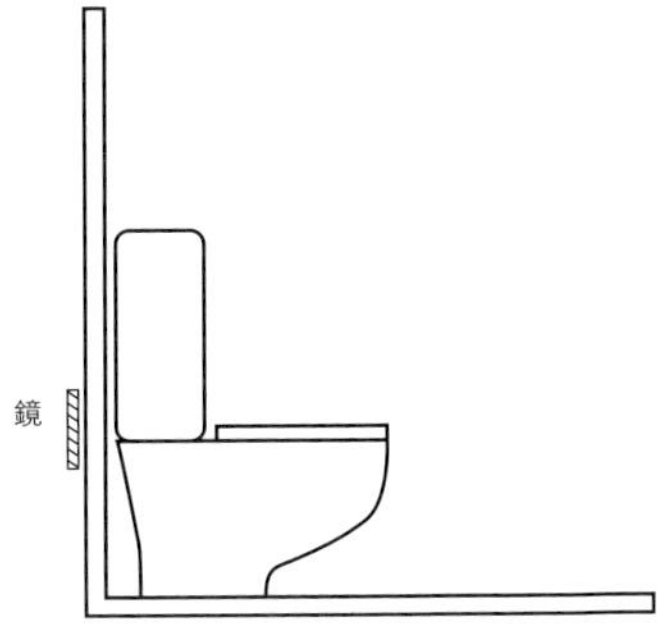

図O：この鏡（鏡の反射面が壁に向いている）は、便器のエネルギーを隣接した部屋に流れることを押し留めています。

うど便器に蓋をするような形になります。ただしこれは、ビジネスの場所のバスルームでは使用しないでください。この鏡で覗かれていると誤解する人がいるからです。

玄関の階段

Foyer Stairs

前ページ：この優雅に見える階段は、実際には風水上最も困難な問題のひとつで、エネルギーを部屋に満たすことなく、転がるように外へと逃がしてしまいます。

玄関を入ってすぐに、上へ行く階段がある家は、風水上問題があります。風水の偉大な師たちによると、これは家の中で最もエネルギーが直進しすぎるケースと考えています。ハワイでは、アメリカ本土よりもこのケースは少ないようです。しかし玄関を入ってすぐのところに階段があるのは問題です。つまり、「気」が玄関から入ってきて、嬉しそうにしながら階段を三段程駆け上ったところで、ドアに向かって転がり落ちて消えてしまうからです。もしドアを開けてすぐに階段があるのであれば、それは幻の階段、不似合いな期待を象徴し、さらに重大な問題となります（図P参照）。

解決法

・最初の三段程を、直角に曲がるように階段を付け替えることです。そうすれば階段が直接ドアに面しません（図Q参照）。これは最高の解決法からは程遠く、小さい家などでは無理な方法かもしれません。

・**入れ物**（バスケットや傘立てなど）をドアの近くに置いて、エネルギーをキャッチするシンボルにします。ただし、この入れ物には満杯に物は入れず、できれば何も入っていない方がベストです。

・家の内側のドアの上か横、そしてドアに続く横の壁に**鏡**を貼ります。こうす

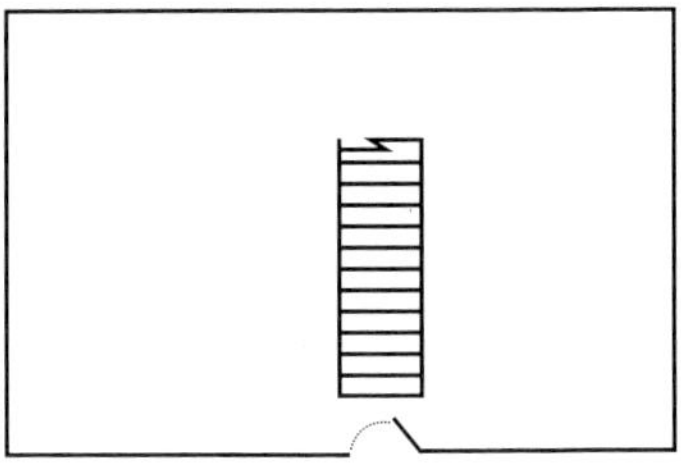

図P

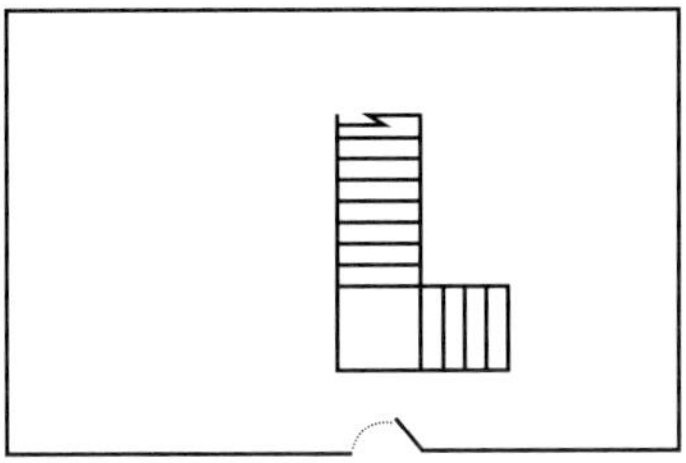

図Q

ることで、出て行こうとするエネルギーを家の中へと押し戻します。かつて、どの方法も施しようがなく、鏡の代わりに少量のグリッターを使ったことがあります。この状況で最もよい鏡は、バグア・ミラーです。普通バグア・ミラーは室内には使いませんが、ここでは例外とします。

・**クリスタル**（もしくは**ウィンド・チャイム**）を、階段とドアの間に吊るしてエネルギーを分散させます。

玄関ロビーがない場合

No Foyer

「気」のエネルギーにとって、玄関ロビーがないのはやや物足りません。エネルギーは息をつく暇もなく、溜まることもなく、部屋の中に広がらなくてはならないからです。玄関ロビーがなく、ドアを入るとすぐに部屋というのは、マンションやアパート、小さい家にありがちです。部屋を入るとすぐに壁があり、その反対側には冷蔵庫があるといった具合です。こうなると解決策を見出さなくてはなりません。

解決法

・横側の壁に**大きな鏡**を据え付けて、部屋が大きく見えるようにします。これが最もやりやすい方法です。こうすれば瞬時に部屋が大きくなったように見えるからです。

・室内のドア付近を、**ロビーがあるように感じさせる**ことです。そこだけ違うフローリングにしたり、カーペットを敷くなどしてみましょう。ただし滑らないように気を付けてください。滑ると不安定な足元の象徴となります。

・通常玄関ロビーに置かれているような物を、ドアを入ってすぐの場所に置きます。

＊帽子掛けやコート掛け

＊壁に鏡を貼り、その真下には半円型のテーブル
＊まっすぐな背の椅子
＊傘立て

陰と陽の部屋

Yin and Yang Rooms

家の前面は、リビング・ルームやオフィスなど、活発さのある部屋の方がよいでしょう。忙しさが生み出す「陽」のエネルギーの恩恵を受けることができます。ベッドルームなどの静寂さが目的の部屋は、休息の「陰」のエネルギーが家の後ろ側に向かって流れる場所が最適です。ガレージの後ろや上に、ベッドルームを置くことはお勧めしません。車の落ち着かないエネルギーがベッドルームに近いのはよくありません。大きな家では、客室を除いてめったに使わない部屋もあるかと思いますが、これらは陰の要素が強すぎ、実際にはエネルギーが停滞しているといえます。

解決法

・ベッドルームが、道路に近い位置にあったり、騒音の影響を受ける場合は、**鏡**（できれば外側に）を音のする方に向けて設置します。鏡は直径二．五センチ以下の小さいもので構いません。もし騒音の原因が道路である場合は、凸面になった鏡を使います。鏡のふくらみが車の騒音を分散して押しやります。

・たっぷりと**布**を使って、ひだを作ったカーテンを窓に吊るすことで、その部屋が心地よくなります。色も大人しい色を使うとよいでしょう。

・もしリビング・ルームなどの活動の多い部屋が家の後ろ側にある場合、**明る**

ベッドルームの窓にたっぷりと布地を使ったカーテンを吊ることで、静寂さと、眠るという陰の活動をサポートします。床に着いたカーテンの布は、優しくエネルギーを上に向けて流します。飾りとなる竹を籠に入れて飾ることで、エネルギーは下がりません。

い色を部屋に取り入れて、軽くて扉のない戸棚などを置くとよいでしょう。布地類は少なめに使いましょう。

・ガレージにある車をベッドルームの壁に接するように駐車しているのであれば、小さい**鏡**をガレージに貼ってください。鏡はヘッドライトの高さに設置し、反射面が車を向いているようにします。鏡の反射とシンボルとしての働きで、車のエネルギーを押しやります。

・ベッドルームがガレージの上にある場合、**鏡**（どんな大きさでもＯＫ）の反射面を車に向けて、ガレージの天井に貼り付けましょう。鏡は車の真上もしくはベッドの真下になるように貼り付けます。ガレージの天井に鏡を貼りにくいこともあります。その場合は、ベッドルームのベッドの下に、鏡の反射面を床側にして貼り付けてください。

・ガレージの車の上の天井に**クリスタル**を吊るすこともよいでしょう。クリスタルが、車の騒々しいエネルギーを静かなベッドルームに届く前に分散してくれます。

・使用していない部屋を、**明かり**か**音**で活気付けましょう。低いワット数で点

ハンモックは、昼寝や読書にはもってこい。片付けるときは、ねじって掛けておくと、もつれずにすみます。

灯する照明器具にタイマーを付けて設置して、毎晩数時間点灯するようにしておくとよいでしょう。そしてドアを開けたままにします。音を取り入れる場合は、窓を開けて、ウィンド・チャイムを窓の横に吊るすとよいでしょう。もしくは家に誰かがいる間、室内噴水を流して水の音がするようにしておくとよいでしょう。

ホームオアシス

よく使用される部屋は、部屋に出入りする人からの恩恵を得ます。よってドアは開けたままにして、人が入りやすいようにし、あなた自身（他の家族も）がそこにいたくなるようにします。家の中で最も座りやすい椅子を置いておくのもよいでしょう。そうすると自分の家の中でバケーションを楽しんでいるような気分になります。ハンモックは両端を吊るすだけでよいので、簡単に出し入れができます。曲がりやすい木に取り付けると落ちてしまうので、気を付けましょう。

素敵な部屋

ハワイの新築の家で素敵な部屋をよく見かけます。でもそれは風水上好ましくないことが多いのです。あなたの人生を台無しにはしませんが、素敵な部屋

この階段タンスは、正面玄関の付近の活発なエネルギーとソファーベッドとの間を完全にかつ優雅に区切っています。ユニークな形のタンスは、プライバシーを守ると同時に、閉鎖的な感じを与えずに空間を保っています。これは非常にうまく利用できる家具のひとつです。

だから素晴らしいエネルギーがあるとは限りません。理想的な部屋は、明確にそれぞれの目的を持っていることです。ダイニング・ルームは食事をする部屋であり、テレビを見る部屋ではありません。時々私のクライアントが、素敵な部屋にいながら「この部屋は何の部屋と呼べばよいのかわからない」と言っているのを耳にします。

解決法

背の高い家具、**障子スクリーン**、**背の高い植物**で部屋を仕切り、それぞれの部屋の用途を明確にすることです。それほど難しいことではないので、実行することであなたの人生はきっと好転することでしょう。

家具と電化製品

Furniture and Appliances

風水が長年にわたって利用され、今でも人気がある理由は、あらゆる人の基本的な家具に関する質問に答えられるからです。その質問とは、「どこに置くべきでしょうか？」答えは、いつも同じシンプルなものです。ドアが見えるところで、家具の角などの尖った先があなたを指していない場所に置くべきです。

家具の配置

Furniture Placement

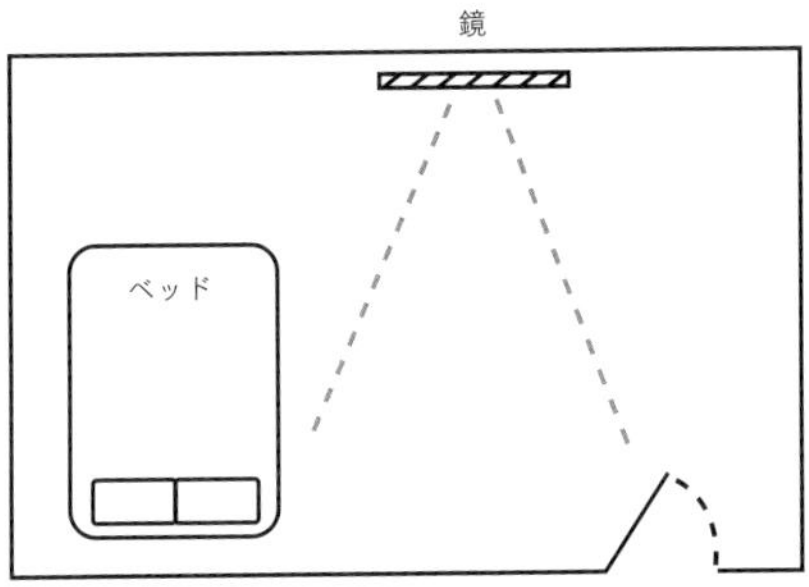

図R

ドアを見る

家具の配置における最初のルールは、風水で最も簡単なものです。自分が家具を使うときに、その位置からドアが見えることです。ドアは、部屋への入り口。そしてドアはそこから新しいものが入ってくる場所であるという意味から、「未来」を象徴しています。ベッドや椅子から簡単にドアが見えるのが、パワフルな位置となります。弱い位置は、あなたがドアを背にすることになる場合です。もし家具の配置を変えられないのであれば、鏡を使ってドアが見えるようにします（図R参照）。一つの部屋にドアが一つ以上ある場合、正面玄関に近い方のドアをメインのドアとして考えます。

机（家やオフィス）は、たとえ横目で少しだけでも、ドアが見える場所に置くべきです。もし家具を動かせないのであれば、凸面の鏡を使いましょう。車のバックミラーに使ってあるような鏡です。もしコンピューターをよく使うのであれば、コンピューターの横に取り付けるとよいでしょう。子どもの部屋に勉強机があれば、机からドアが見えるように置きましょう。

ベッド

ベッドは誰の人生においても大切な家具です。多くの時間をその上で過ごします。どの場所でも、多くの時間を過ごす場所はとても大切な場所となります。ベッドの頭の位置は、できればしっかりとした壁に向いているべきです。

左：風水では柵のように間の開いているヘッドボードは好ましくありません。特に窓の下に置く場合はよくありません。
右：このヘッドボードはとてもきれいですが、竹を使い間が開いているボードなのでお勧めではありません。でも短期間滞在するゲスト用のベッドであれば影響はないので、そちらに使うとよいでしょう。

風水本の中には、ベッドの頭の位置は部屋の角に向けて置く、つまりベッドのヘッドボードと部屋の角に三角の隙間ができるのがよいというものもあります。私はそうではないと考えます。それはスペースの無駄で（よほど大きなベッドルームであればよいですが、そうでないと無理があります）、誰も使えない妙な空間ができてしまいます。子どものベッドは、部屋が狭ければ両サイドが壁になっている場所に置いても構いません。ただし大人のベッドは、両サイドに四十五センチ程度のスペースが必要です。特にこれは、カップルで使用するベッドでは大切なことです。ベッド（机も）が部屋の真ん中にあり、部屋の壁のどこにも接触していないと、変動の激しいエネルギーがベッドの周りを渦巻いてしまいます。

よって、風水ではどのベッドにもヘッドボードが必要と考えます。家主のベッドには必ずヘッドボードを付けるべきです。しっかりとした板でできたものは、人生においてもしっかりとした支えがあることを意味します。

ベッドの上に窓があるときは、しっかりとしたヘッドボードが特に必要となります。もしカップルでベッドを利用しているときは、しっかりとしたヘッドボードが二人の関係を強めてくれます。柵のようになって空間のあるヘッドボードは、開かれた関係、つまり二人の間がうまく結ばれていないことを意味します。

ゲスト用のベッドのヘッドボードには、柵のようになったものを使っても構

ベッドルームの広さがどれ程あるかにもよりますが、二段ベッドはできるだけ避けましょう。一方が高すぎ、一方が押し込められたような造りになっているからです。キャスター付きのトランドル・ベッドを使用しましょう。

いません。子どものベッドには、できればしっかりとしたヘッドボードを使ってください。

すのこベッドや敷き布団はゲストには構いませんが、家主が使うことは好ましくありません。簡易ベッドのような感じがする上、マッチするヘッドボードもありません。また、背もたれが柵のようになった椅子は、たまに座るのであればよいのですが、毎日座るのであればしっかりした背もたれの椅子を選びましょう。

ヘッドボードのいろいろ

しっかりとしたヘッドボードをすぐに手に入れられない場合、代わりに後述のいずれかを頭の位置にピンで貼ることをお勧めします。

＊ラウハラ・マット

＊ゴザ。折りたたみ式のものではなく、巻くようにして使うもの

＊布地。色の合うもので、部屋のハーモニーを乱さないものとはいえ、できるだけ、ベッドに直接取り付けるヘッドボードを買うようにしましょう。

二段ベッドは、小さい部屋では時として必要ですが、他に方法がある場合は使わない方がよいでしょう。キャスター付きのトランドル・ベッドならよいで

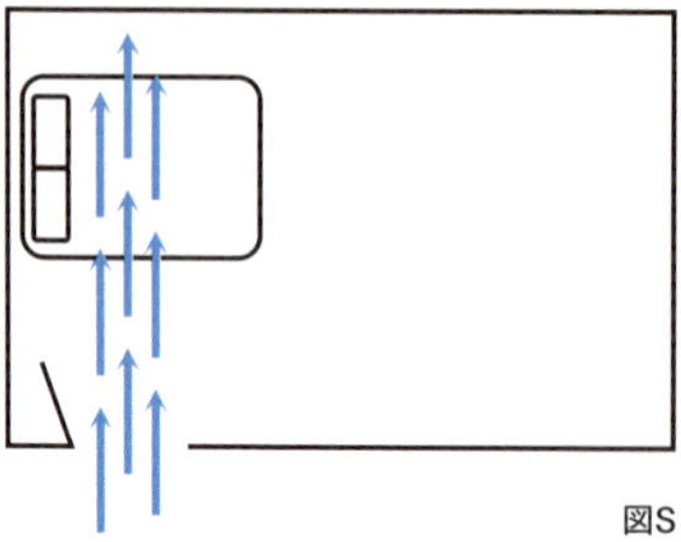

図S

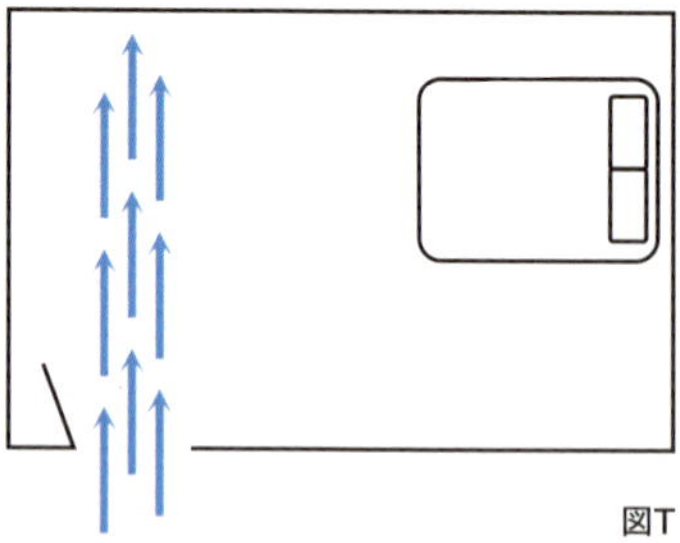

図T

しょう。もし二段ベッドを使うなら、上段の板が下段から見えないようにカバーしてください。星の絵のある深い色の布、もしくは子どもの好きな柄でよいでしょう。

余談ですが、子ども部屋のテレビは、科学的にも子どもの知能指数を下げるという結果が出ています。ご自分の子どもにはテレビを与えないように。子どもたちは未来です。彼らにはあらゆる知識が必要ですから、知能指数を下げることは避けましょう。

入り口の気

「気」は、主に入り口のドアから入ってきます。エネルギーの一部は、その部屋に太陽光線が直接どれ程入るかにもよりますが、窓からも入ってきます。ドアの幅と同じ広さの**強い気の帯**のエネルギーは、ドアからまっすぐ部屋に入り、ドアと対面する壁へと向かいます。図Sのように、ベッド（椅子であることもあります）がエネルギーの帯の中に位置しないようにします。なぜなら、エネルギーが強すぎるからです。窓がドアの正面にある場合は、気は速度を増してベッドを通り過ぎ窓の外へと抜けます。よって、図Tの位置にベッドがあれば問題ありません。また、ベッドに寝たときに足がドアを向いているような位置に置くこともよくありません。これは「棺桶の位置」と呼ばれ、死んだときに足から運び出す通り道になってしまいます。

クリスタルの置物は、光が当たるとエネルギーを分散させます。輝くクリスタルのペーパー・ウェイトを、古いルックウッドの花瓶の横に置くのもよいでしょう。

解決法

・もしエネルギーの帯の中にベッドを置かざるを得ないときは、ドアとベッドの間に何らかの緩衝材《かんしょう》となるスクリーンのようなものを置いてください。いくつか例を挙げます。

　＊大きな**チェスト**か移動式の棚で角が丸いもの
　＊折りたたみ式の**スクリーン**で、安定性があり倒れにくいもの
　＊背が高い**観葉植物**（造花でもよい）
　＊**カーテン**（透けて見えるものでもよい）
　＊インテリアと合うのであれば、**ビーズのカーテン**
　＊厚手の**マット**で絵柄があるものや、はっきりとしたデザインのもの

・**クリスタル**か**ウィンド・チャイム**をドアとベッドの間に吊るします。これはエネルギーを分散し、速くて鋭い動きを緩やかにするためのシンボルとなります。

・飾りとしてベッドの上に**枕**（クッション）は置かない方がいかなる場合もよいのですが、他に方法がない場合は、ベッドの上に数個の枕を置いても構いません。

このソファーはお互いに向き合っており、違った意見を持つことを象徴しています。また、縁が切りっぱなしになったガラスのコーヒー・テーブルは、エネルギーを切り裂くといわれています。

反対方向

ソファーの正面に、**向き合うようにして別のソファー**を置かないようにしましょう。これは二人の人間の意見が合わないことを示します。つまり、別々のソファーに座って違う風景を目にするからです。もしこの状況を変えられないのであれば、二人の間にクリスタルを置くことです。クリスタルは吊るすタイプでも、置物（ボウルや花瓶、ペーパー・ウェイトなど）をテーブルの上に置いても構いません。もしカーペットを二つのソファー（もしくはテーブル）の間に敷く場合は、赤い紐か赤いテープで、カーペットの下に二つを分割することを意味するように線を引いてください。赤い線は「新しい血」を意味し、家具と平行に置いて、真っ二つに二分するかのようにします。

対面する景色が問題を引き起こすのは、ソファーとテーブルに関してのみで、他の家具は関係ありません。ソファーとテーブルは大きさがあるので、影響も大きいのです。

素敵なハワイで実際に生活している人たちは、物を置きすぎている傾向にあります。ベッドルームにいくつかのベッドがある場合は、**頭の位置が一列に並ぶよう**に置いてください。これは特に、家族が並んで寝る場合は重要です。これは頭が一緒ということを象徴し、合意とハーモニーを示します。家主のベッドが他のベッドと一緒である場合、頭のところにはしっかりとした壁があるよ

このクリスタルのキャンドル立ては、向き合っているソファーの間にあるテーブルにあります。これは「相手のエネルギーを分散させる」という意味があります。

うにします。家主はお金と稼ぎへのしっかりとしたサポート（壁）が必要で、これがあると家族を養えることになります。

電化製品の位置

Appliance Locatons

台所のコンロは、家の中でも最もパワフルな機器といえます。ひとつ間違えば家を火事で破壊してしまうわけですから。一方で、「富」を意味します。つまり、人に食事を与える能力があるということです。ポリネシアの島々では、人々の地位はそれぞれの台所がどれだけのものを作れるかで示されていました。風水では電気コンロよりもガスコンロの方がよいとされていますが、それは「火」のエレメントとしての「火」そのものだからです。キッチンのコンロのある場所に関しては、二つの大切なポイントがあります。**部屋の入り口が見えること**、そして**火のエレメントと水のエレメントの関係**です。流し台と冷蔵庫は水のエレメントとみなします。コンロ（もしくは電子レンジやトースター）は火のエレメントです。火と水は正反対のエレメントで、隣同士か相対する面にあると反発し合います。もし相対する位置にあっても間にアイランド（準備台）があれば、それほど問題にはなりません。

解決法

・もしコンロ（電子レンジ、オーブン）が流し台や冷蔵庫に相対する場所にある場合は、この二つの間に天井から**クリスタル**を吊るし、エネルギーを分散させます。

・水と火のエレメントの機器の間に**赤いテープ**か**紐**を置いて、分けてくださ

ドーム型のやかんを鏡として利用することができます。コンロの上にあるので自然ですし、あなたの後ろにあるものを映し出してくれます。特にあなたの後ろがドアである場合、大事なことです。ただしやかんをよく光るように、研磨剤の入った磨き粉などで磨いて傷を付けないようにしましょう。

い。こうすることで、二つが接してないことを示します。二つの間をきっぱりと割る形になるのです。

あなたがコンロで料理をしているときに、入り口のドアに背中を向ける形になるのであれば、反射するやかんをコンロの上に置いて、それを鏡のようにして後ろを見るようにしましょう。コンロの上に鏡を吊るすことはお勧めしませんが、中には繁栄をもたらすと言う人もいるようです。大切なのは入り口が見えることなので、ドーム型の台所用品（やかんや光る蓋）など、そこに置いても自然なものを使いましょう。コンロの後ろの鏡はよく磨く必要がありますが、コンロに覆いがあったり収納キャビネットの上にあるコンロなどは、鏡を置いても全身が映らず、あなたの頭の部分がカットされてしまうためよくありません。

コンロの両側に多少の余裕があればベストですが、大きなキッチンでさえ、コンロのすぐ横に冷蔵庫がある場合がほとんどです。冷蔵庫の横に焦げた跡があったりするのを見かけることもあります。これは見た目が悪く、風水上もよくありません。

機器を動かすのは簡単ではありませんので、状態の改善にはクリスタルを使います。二つの機器の間にある反発し合うエネルギーを分散させるために、二つの機器の隙間の天井にクリスタルを吊るします。もしくはコンロや冷蔵庫の

はめ込み式の電子レンジの電磁波の漏れをチェックすると、単体で買う電子レンジよりも漏れが多いことがわかっています。できるならご自分でも電磁波の漏れのチェックをしましょう。
この写真の配置は水と火のエレメントが近すぎます。オーブンの熱が冷蔵庫から数センチの位置にあるということは、エネルギーがぶつかり合うということです。
冷蔵庫のドアにいろいろな物を貼り付けていますが、あまり好ましくありません。心穏やかに過ごすためにも、いろいろなものを貼らない方がよいでしょう。

上にキャビネットがあるならば、キャビネットの中で二つの機器の間のできるだけ近い場所に、クリスタルを入れても構いません。もし冷蔵庫がはめ込み式で、周囲が木製のキャビネットに囲まれているなら、通常より問題は少ないはずです。

電子レンジは、電磁波が漏れます。何百台もの電子レンジをテストしてみましたが、電子レンジがキャビネットにはめ込んであるものは最悪です。電子レンジの使用中に、決してその横や前には立たないでください。子どもには、近づいたり中を覗いたりさせないでください。子どもの細胞は大人の細胞よりも早い速度で分裂していますので、大人よりももっと電磁波の影響を受けます。

かつて、ある女性とその母親をコンサルティングしましたが、中央にバスルームがあるお宅でした。「中央にバスルームがあるのは風水ではよくないのですよ。病気や離婚、破産につながります」と穏やかに話しました。すると母親が「この家がまさにそうよ！」と叫び、私のクライアントは泣き出しました。実際彼女のご主人は破産し離婚手続き中で、彼女自身も乳がんを宣告されたところでした。後に彼女の家にあったはめ込み式の電子レンジの電磁波を測ったところ、私が今まで測定した中で最も高い電磁波を出していました。電子レンジを使用中、キッチンは危険地帯になります。その電子レンジは、ちょうどコンロの上にはめ込まれていたので、料理をしながら電子レンジを使っていたために、電磁波の影響を受けたのでしょう。

尖った角

Sharp Corner

左：サイドテーブルの上のランプの傘が尖っていて、毒矢のエネルギーをベッドに向けて出しています。
右：このベッドサイド・テーブルの右側からベッドに向かって悪いエネルギーが出ています。また寝ている高さよりもこのテーブルのほうが数センチ高くなっています。ベッドサイド・テーブルは、ベッドのマットレスの高さと同じであるべきです。またベッドにはしっかりとしたヘッドボードが必要です。客室のベッドは、長い時間使わないのでこれでも構いません。

家具の配置で大切なことの一つは、**尖った角**があなたを指す場所に座ったり寝たりしないことです。これは家具の角など、直角になった部分のことです。風水ではこれを「毒矢」と呼びます。非常に尖った負のエネルギーが九十度の角度から流れてくるのです。

角の丸い家具はたくさん出回っています。ハワイの家によく合う、竹やラタンで編んで作った家具の角は丸くなっています。角が尖った家具を取り替えることができないのであれば、その角を布で覆ったり、植物などで隠すようにしましょう。もしベッドのサイドテーブルの角が尖っているのであれば、実際に自分がベッドで寝るときだけ、その角とベッドの間に枕を挟むとよいでしょう。起きたらその枕を外しても構いません。

私が以前に住んでいたアパートには、色の濃い一八〇〇年代のアイルランド製の移動食器棚が私のベッドの横に置かれていました。まるで要塞のように両端が高く、真ん中だけが少し低いというようなアンティーク製品でした。それは非常に鋭い毒矢の性質をベッドに向けて放っており、毎晩その棚の角にシルクのロープをかけて隠していました。しかしそれでも十分ではなく、毎晩のように死ぬ夢を繰り返して見ていました。

こんなことは今までなかったことなので、非常にこの家具が気になりました。誰かに撃たれたところで夜中に目を覚まして、再び眠りに落ちた午前三時、また誰かに刺される夢を見ていたのです。その翌日は誰かに崖から落とさ

左：ランプの下のテーブルもランプも、毒矢の影響は受けません。
右：このかわいいダイニング・テーブルは丸い角を持っていますので、毒矢の影響は受けません。

れた夢……。容赦なく続く夢に、私は眠るのが怖くなりました。夢が病気や死を予知しているのかと考え出しました。私のパートナーがこの移動食器棚を相続したのですが、パートナー自身この家具に思い入れもないため、売りに出すことに決めました。この家具がついに売れた最初の晩、死の夢はなくなり、それ以来一度も見なくなりました。夢を馬鹿にはできません。望まなくてもやって来るものです。

尖った角は家具だけではありません。壁の角も部屋に向けて毒矢を放っていることがあります。もし部屋の角が、ベッドやいつも座る椅子の方を向いているのなら、家具を動かすか、その壁の角を家具や布で隠しましょう。もしくは角が丸くなるように、壁の角にドライウォール（水性塗料を塗る仕上げ工法）を塗ることとです。これによって角が丸くなれば、問題は百パーセント解決します。毒矢は存在しなくなるのです。エネルギーは丸い角の周囲を優しく転がって、部屋の中へと入っていくでしょう。

角は基本

風水で「角」は、最も大切な要素の一つです。実際、色や素材よりも大事です。もし夜であれば、色や素材をはっきりと識別できないかもしれませんが、はっきりとした角の線は認識することができます。不思議なことに、エネルギーに関していえば、素材は一番問題が少ない題材です。つま

ランプの傘には角があり、ベッドに向いています。毒矢の効果はキャノピー(天蓋)のカーテンで防げば、角が見えなくなります。

り、素材は近寄って実際に手に取るまで、何であるかわかりません。「In the perception of shape lies the beginnings of concept formation.(尖った線は物を形作るすべての始まりとなる)」と、ルドルフ・アルンハイム(一九〇四〜二〇〇七 独)が有名な著書『視覚的思考—想像心理学の世界』(一九七四年/美術出版社)で語っているように、近代の心理学でも角の重要性は認められています。もし角の鋭さが最も恐ろしいものであれば(そして風水が「偏執のアート」と呼ばれるのであれば)、その角をどうにかするべきだと思います。もし誰かがあなたの目の前で、鋭いシャープ・ペンシルを持っていたとします。そのペンがあなたの目に刺さらなくても、あなたはきっと瞬きをするでしょう。無意識の中ででも、何かに刺されようとすると、体は反応するものなのです。

むき出しのガラスの縁

Bare Glass Edge

この椅子はしっかりとした背もたれがあるのでよいのですが、テーブルはガラスが切り落とされたままになっているので、エネルギーを切り落としてしまいます。

前ページ：このテーブルトップはガラスがむき出しですので、お勧めできません。椅子の背もたれも隙間があり、毎日の食事に使うものとしては不適当です。

ガラス製のテーブルや棚の縁《ふち》が切り落としたままであるとき、「エネルギーを切る」と風水ではいいます。そのガラスの縁が、あなたの前であなたに迫る勢いで突き出していると考えてください。そしてそのガラスの縁は、とても鋭いものだとします。それがシンボルの働きというものです。

もしガラスのテーブルや棚の縁が切り落としのガラスではなく、竹や金属などで覆われている場合は問題ありません。この場合は、ガラスの魅力と、エネルギッシュでかつ優しい角を持ったテーブルという二つの要素を楽しめるわけです。もしガラスの家具を用いたいなら、それに優しい要素を追加してあげるとよいでしょう。ガラスのテーブルにテーブルクロスやレースをかければ、それで問題は解決します。

ガラスのテーブルはとてもモダンな発明です。かつての生活の中では、ガラスの縁が切り落としのままのテーブルや棚を家具として用いることはありませんでした。本来はそのようなものがない方がよいのです。つまり、ガラスの縁が切り落とされて鋭い角となり、目標に向かって頑張っているあなたの努力を切り落とすからです。

ガラスが切り落とされたままになっている家具に、愛着心を持たない方がよいでしょう。特に家宝でもなければなおさらです。実際どの家具や装飾品にも、あまり愛着心を持たないことをお勧めします。「愛」は、家族や友達、ペットなど、あなたが愛した分の愛を返してくれる人や動物のためにとってお

このラナイ（ベランダ）の家具には、エネルギーを切る要素はありません。ガラスのテーブルトップは、竹で縁取りがされているため、角も丸くて毒矢の効果も見られません。

きましょう。もし問題のある家具があれば、すぐに取り替えましょう。

ガラスの棚は、キャビネットの中にあるものでなければ問題となります。もしキャビネットに扉があるのなら（ガラスの扉であっても）、ガラスの切り落としが部屋のエネルギーを切ってしまうのを食い止めます。ガラスの棚でも、周囲に縁取りがされているものは問題ありません。ガラスの棚の縁取りは、竹、木、メタルやその他の素材でできています。

ガラスが切り落とされたままでも大丈夫なものは、非常に分厚いガラスで、少なくとも五センチから七．五センチくらいの厚みのある場合です。ガラスの縁がフロスト加工されているとなおよいでしょう。厚みのあるガラスはとても重いので、それを支えるものが十分にしっかりとしていることを確認してください。

ルーバー

Louvers

前ページ：このプランテーション・シャッターはベッドを指していますが、ベッドに誰もいなければこれでも構いません。

左：ルーバーが下向きで椅子を指していないため、このテーブルは使うのに適しています。ダイニング・チェアーはしっかりとした背もたれがあるため最適で、これはお金と判断を下すことに関しては、よい後ろ盾を得る効果があります。丸いダイニング・テーブルは、風水では「天国」を意味するのでよいとされています。
右：このプランテーション・シャッターは、椅子を指していますが、誰も座っていない限りは大丈夫です。

むき出しのガラスの縁《ふち》を持つルーバー・ウィンドウ（ジェラシー・ウィンドウとも呼ばれます）も注意しなくてはなりません。もし毎日、ガラスのルーバー・ウィンドウがある部屋で座ったり寝たりするのであれば、ガラスを全開にするのではなく、多少斜めに開けてください。そうすればガラスの縁が直接あなたを指すようなことにはならないでしょう。これは窓に取り付けられた木製のルーバーやブラインドも同じで、縦型でも横型でも、その縁の鋭いエネルギーが部屋に入り込むので、そこにいる人の体に「毒矢」の効果をもたらしてしまいます。これはプランテーション・シャッターにも同じことがいえますが、この縁は太くてそれほど鋭利な縁ではないので、まだ問題は少ないといえるでしょう。

開いているブラインドが、椅子を指しています。これは基本的にはよくありません。開き具合を調整して、ブラインドのそれぞれの縁が椅子を指さないようにするか、椅子の位置を変えましょう。

飾り物

Decorative Objects

実際には必要でなくても、家の雰囲気を温かくしてくれるような飾り物があります。どの置物にも「声」があり、無意識のレベルでそれを聞くことができます。あなたの持ち物があなたに何を伝えようとしているかに気付けるようになることは、風水を学ぶ上で最も大きな課題といえます。

色

Color

白　セージグリーン　クリームイエロー

色、特に壁の色は、家の中でも大きなメッセージを伝えています。素っ気ない家にちょっと色を塗るだけで、家の中の雰囲気がずいぶんと変わってきます。非常に濃いドラマチックな色は「この家にはいつも大騒ぎが起こっている」と言っているようなものなので、はっきりとした色やパステルのような飽和色がベストであり、また建築的なデザインの観点からもよいでしょう。はっきりとした色は、子どもの部屋にはお勧めではありません。親たちはよく子ども部屋は明るい色にした方が無気力にならなくてよいと思うようですが、中間色を壁に使い、カーテンなどの簡単に取り替えられるものを明るい色にするとよいでしょう。はっきりとした色のペイントは、美しく見える限り、家の外側にも使えます。次に挙げるのは、住み心地のよい色の例です。

・ソフトなクリーム**イエロー**：風水でイエローは「集める」ことを意味する色で、みんなが幸せになることを助けてくれるでしょう。黄色は最も幸せな色。暑すぎず、程よい温かさを暗示します。

・**グリーン**：セージ・グリーンがよいでしょう。優しく穏やかなグリーンには人気の理由があります。グリーンはヒーリングの色だからです。そのため、クリニックやマッサージの部屋にはお勧めです。寒さを感じることなく涼しげな色です。

・**白**：この色でも悪くはありません。白にも何百と濃さがあり、他の色よりもずっと使いやすいこともあります。白は天井に最適です。

ダスティ・ローズ

グレー

・**グレー**：日当たりのよい部屋にのみ使います。暗い部屋にはお勧めできません。

・**ダスティ・ローズ**もしくは**オールド・ローズ**：色を押さえたピンクです。男性が選ぶことのできる数少ないピンクの一つ。これは「恋愛コーナー」に位置するベッドルームの壁に塗るとよいでしょう。温かい関係を象徴します。黄色もベッドルームにはよい色です。

水色は、部屋の中にはあまりお勧めではありません。特に、マイナス思考になっていたり、うつ気味のときに水色を使った飾りはよくありません。「さらに気持ちがブルーになった」と、もっと落ち込んでしまいます。また「恋愛コーナー」にあたるベッドルームに水色を使うのも、あまりお勧めできません。

仕上げは**マット**にするのが好ましいです。光る仕上げのものより、本来の色をもっと引き立たせてくれます。『ベンジャミンムーアペイント』では、オーラという技術を使い、マット・フィニッシュでありながらも掃除が可能なものを発売しています。今までは掃除のしやすさから、光沢のある塗料を壁に塗っていたバスルームにもキッチンにも使えます。ただし値段は多少高めです。揮発性有機化合物の含有量が低く、ペットや人間に悪影響を与えるガスが少ないものです。『シャーウィン・ウィリアムズ』も、揮発性有機化合物の含有量が少ないものを売り出しています。現在のところ、大きなペイント会社にとって

コーラル

ピーチ

はこれを扱うことがトレンドになっているようです。

恋愛の一歩手前

ピーチやコーラルという色は、色のチャートではピンク（恋愛の色）と隣り合わせの色です。しかし、ピンクでもなく黄色でもない、その中間です。風水では、「私は今相手がいません。まだ恋愛をしていない状態です。相手を募集中です」を意味します。あなたがもし独身で、相手を探している場合に使うとよい色です。ただし相手が見つかったら、この色をあなたの人生からできるだけ少なくすることをお勧めします。

修理

Maintenance

家にあるどの飾り物も、いつも埃を拭いてきれいに保つようにしてくださ い。あまりにもいろいろな物が置いてあるときは、物を減らすことを考えてください。物を減らすということは、富を引き寄せるということでもあります。物が少なめの部屋は「富を受け入れられるだけの十分なスペースがありますよ!」と言っているようなものです。部屋に多くの物を置きすぎていると、「新しくて素晴らしいものをこれ以上私の生活に追加しないでください。もう置く場所がないのです」と言うことになるのです。

新鮮なエネルギーは、あなたの人生において「新しいチャンス」を意味します。新しいエネルギーを家に招き込む最もよい方法は、家をきれいに保っていることです。古い埃や汚れは、古い波動を出します。掃除をするのは、素晴らしい行動です。しっかりと掃除をすることは、まるで祈りを捧げているようなものなのです。部屋を掃除するよい方法は、音楽、ラジオ、テレビなどをつけずに掃除することです。

今までに一度だけ、クライアントの家がきれいすぎたという経験があります。ハワイ島ヒロの山側の涼しい場所にある家でした。そのクライアントは、「友達が来ると、この家は寒々とするって言うのです」と言いました。私は思わず「無菌という感じ」と呟いてしまいました。病院がこれほどきれいだったらよいのに、というくらいだったのです。彼女のご主人は、彼女がテレビを見ている途中でも床を完璧にピカピカに磨き始めたりするので、頭がおかしいと

あまり所持品に感情移入をしない方がよいでしょう。愛は、あなたに返してくれる人に与えましょう。

まで言ったのだそうです。私は社交辞令として、「あなたはそれほど完璧主義じゃないとは思いますけれど」と答えておきました。

部屋や家の周りに壊れている物がほとんどなく、修理しなければいけない物も置かれていない状態がベストです。壊れている物は「別離」を意味します。そして恋愛関係においては、よい兆候ではありません。もしクライアントの家の中に壊れている物が多くあるときは、そこに住んでいる人が私の意図することに気付いてくれるまで、「別れるのは難しいのよ」とハミングすることにしています。

きれいな掃除

そう、簡単なことなのです。もし自分の人生が行き詰っていると感じたら、掃除を始めましょう。家の周囲をよく見回して、どこをきれいにすべきか探してみてください。もし掃除をして、壊れていて使えない物が見つかったら、それを修理するか寄付してしまいましょう。そうすると、後でもっとよい物が手に入ります。散らかりのない楽しい人生を味わうことができるでしょう。

水の絵と水の置物

Water Pictures and Water Features

この絵にある水は、左に向かって流れているので、家の中から見て内側のドアの右側に置いてはいけません。左側に置くのが最適で、水がドアから家の中へと流れ込むことを象徴しています。

水は、「お金」もしくは「富」のシンボルといわれています。**水の絵**は、風水では「恩恵」のシンボルとされています。「waiwai」というハワイ語は、「富」を意味します。家の玄関の壁に滝の絵を飾るのは、とてもよいことです。家の中にですが、ドアと水の流れる方向によっては、逆効果にもなるのです。家の中に飾られた水の絵は、玄関に向かって流れるべきではありませんし、家の外に向かって流れ出てはいけません。それは、お金が家から離れることを意味します。滝の水が左に向かって流れているのなら、家の内側から見た場合、その絵をドアの右側の壁に掛けてはいけません。左側の壁にかけると、水はドアを通って家の中へと流れ込むのです。もし水の流れがまっすぐ縦に落ちているものであるのなら、正面玄関の内側のどちらのサイドに掛けても構いません。

水の置物とは、実際に水を使う置物のことです。最もよく使われるのは、電気で動く噴水です。もし電動噴水を持っているのなら、四六時中動かしましょう。そうでなければ、「干からびて壊れている」という間違ったメッセージを送ることになり、置いていない方がよいです。寝ているときや出掛けているときに、スイッチを切っておいても構いませんが、あなたが家に戻ったときには稼動しているのが好ましいので、タイマーを付けておくとよいでしょう。もし水の流れる方向が一方だけのものならば、部屋の真ん中を向くようにします。そうすることで、富はあなたに向かって流れ、あなたから離れていくことはありません。四方に流れる噴水は、水が入っている限り、どちらの方向に置いても構いません。一般的にコンロや電子レンジの横には噴水を置いてはいけません。火と水を一緒にするのは、喧嘩の象徴となります。

模様とイメージ

Patterns and Images

風水では、気を付けなければならない柄があります。それは、はっきりとしたストライプ模様と、孤独さが出ているようなイメージの柄です。孤独さが出ているというのは、絵の中に一人しか人間が描かれていない場合などで、それは孤独を引き寄せてしまいます。そしてはっきりとしたストライプは、議論を引き起こすともいわれています。細いストライプやいろいろな太さのストライプであれば問題はありません。ストライプがはっきりとしているカバナ・ストライプのようなものは、二人の意見が一致せず、別の道を歩むことを暗示します。

孤独なイメージは、時としてトレンドになります。ヤシの木が一本だけあるイメージのデザインも最近人気ですが、「孤独」を意味します。大きなシャワー・カーテンのような布地であっても、一本ずつのヤシの木はグループではなく別々の存在として見られてしまいます。実際に自然の中のヤシの木は、それぞれ独立した存在です。一本のヤシの木が何本あっても、それぞれが独立したものとみなされます。ビンテージのアロハシャツなどに使われているバーク・クロス（厚手の生地）の柄がよい例で、集合したもののデザインであれば「恋愛関係」にも有効です。

独身のクライアントの家にお邪魔する機会がよくあります。もちろんパートナーを探したくて相談をしてくるのです。そういう人たちの家の中を見回すと、非常に多くの「一つのもの」を発見します。一人のフラダンサーの絵や写

左：これは「恋愛関係」によいエネルギーをもたらす例です。ティ・リーフの絵の下にあるペアの置物、そしてその下には引き出しがふたつあるので、とてもよい感じです。
右：ビンテージのトロピカル柄が描かれたバーク・クロスは、ハワイではよく使われていてアットホームな気分にさせてくれます。この柄は美しくふたつずつ並んでいます。

真などです。そして多くのものは、クライアントと同性である場合が多いのです。このような人たちが宇宙に対して発しているメッセージは、「独身のままでいたい！」ということなのです。だからこの人たちはずっと独身のままなのでしょう。もし結婚したいと思うのであれば、孤独なイメージは排除してください。家のドアの外に一つだけあれば十分です。

もし男性のパートナーを探しているのであれば、家のドアの外に立って、ドアに向かって右側の上に男性のイメージを貼ります。もし女性のパートナーを探しているのであれば、女性のイメージをドアに向かって左側に貼ります。風水では、右側の男性のシンボルは竜（男性的）、左側の女性のシンボルは虎（女性的）となりますが、これ以外のイメージでも構いません。

数年前に、独身女性のクライアントの家で、彼女にボーイフレンドができるように孤独なイメージのものを取り除きました。彼女はアパートに住んでいたので、ドアの外に貼るイメージを、他人が見てもわかりにくいものを選ぶことにしました。私は、ノートに挟んであったデューク・カハナモク（一八九〇〜一九六八　ハワイ出身のサーファー）の切手を彼女に渡し、彼女はそれをすぐにドアの右上に貼りました（思い立ったらすぐに実行すると、パワーがさらに増します）。それからまもなくして、彼女が嬉しそうに電話をしてきて、男らしいボーイフレンドが見つかったと知らせてくれました。デュークのイメージを使ったのですから、男らしい彼ができるのは私には予想がついていましたが。

この温和なペレ（ハワイに伝わる火山の女神）の顔は、ハーブ・カワイヌイ・カネ（1928～2011 米イラストレーター、郷土史研究家）によりデザインされたもので、女性のイメージを美しく表した壁掛けです。

孤独なイメージ以外にも、気を付けなくてはいけないものがあります。目立つ柄の布地を使う場合、同じ部屋にそれ以外に強いイメージの柄のものを持ってこないことです。単一色かダマスク柄（中近東の絨毯に使用されているような柄）のような微妙なデザインのものを使いましょう。あまりに多くのはっきりとした色や、違った柄のものを同じ部屋に置くと、視覚的に見苦しく、混乱した気のエネルギーを発することになります。そしてあなたの気持ちも落ち着かなくなってしまいます。

ハワイでよく見かけるアートワークは、何かを意味しているものがほとんどで、抽象的であるものは少ないように思います。もし抽象的なものを使うのであれば、混沌とした気持ちを引き寄せないようなものを使ってください。落ち着いた雰囲気で、家の中の調和をはかりたいという場合、抽象的なものはお勧めではありません。

美しい景色が見えたり、絵を飾るのに最も適した場所は、ベッドの足の位置にあたる側です。もし夫婦やカップルで寝ているベッドであるならば、二人ともその光景や絵が好きであることが大切です。起きたときにすぐ目にする光景は、目を開けたときに見えるものですから、自分の将来を象徴します。もし絵をそこに吊るすのであれば、二人ともそれを好きであることが大切です。ベッドルームには、人や動物が目を開けている絵は好ましくありません。

子どものベッドルームの高い棚の上に、『ビーニー・ベイビーズ』と呼ばれ

私たちは眠るときは目を閉じます。でもぬいぐるみや人形が眠っているあなたを見つめていると、なかなか眠りにくいものなのです。

る目の大きなぬいぐるみや大きな目の人形のコレクションがあって、上からベッドを見下ろしている家にコンサルティングに行ったことがあります。ご両親に「ここで息子さんはよく眠れていますか?」と聞いたところ、彼らは「いいえ、息子はここでは全然眠れなくって、私たちと一緒に寝ているのです」と答えました。私は「私だってここでは眠れませんね。こんなに大きく見開いた目が集団で私を見つめているのですから」と答え、夜にはぬいぐるみと人形にカバーをすることを勧め、できればもっと部屋の下に置くように助言しました。重いものや、ぬいぐるみや人形のコレクション(どんな種類のビーニー・ベイビーズも目が大きくて、こちらを見つめているように見えるようですが)を棚の上の方に置くのは、不吉な象徴とされています。

鏡

Mirrors

風水では、鏡がよく使われます。使うときに気を付けなくてはいけないことがいくつかあります。

・大人の姿を映したときに、必ず頭が全部映し出されるように吊るしてください。喉仏から頭の上まで、できれば頭の上は二十センチ程余裕を持って映るようにしてください。これは、風水の解決法として使う小さい鏡には適応しません。

・タイル状になった鏡を使って、自分の姿に線が入るのはよくありません。これは、ガラスの上に仕切り線が入った鏡が、窓ガラスの枠にはまっているものも同じです。もしこれらの鏡が高い位置にあって、人の姿が映らないのであれば問題ありません。

・人の姿が映る場所に、スモークがかかった鏡や色がかかった鏡は、使用しないようにしましょう。また、エッチングが施されたガラスや鏡も使用しないようにしましょう。

後述のものは鏡に映さないようにしましょう。

＊散らかっている状況：鏡に映るともっと散らかっているように見えてしまいます。

大きな鏡がソファーの上にあり、外の景色を映し出して窓があるように見えています。狭い部屋ではエネルギーを拡大する効果もあります。

＊トイレ：家の中で最も問題の多い場所の一つです。

＊階段の下の部分のみ：もし鏡が階段の一部だけを映しているのなら、階段の下の部分だけというのはよくありません。階段の下という位置は、エネルギーが低い部分とみなされます。その部分を鏡が映し出していると、エネルギーの低さを強調しているようになるからです。

＊もう一つの鏡：鏡の対面にもう一つ鏡があるのはよくありません。両方の鏡にいろいろなものが映ることで、落ち着かずイライラした雰囲気を出してしまいます。

風水において、ベッドルームに置く鏡については、いろいろと議論が交わされています。専門家の中には、よいと言う人もいればよくないと言う人もいます。私は「どのくらいよく眠れるか」がポイントだと思います。もしよく眠れない人がいるのなら、夜だけでも鏡の上からカーテンをかけてみると、陰の要素を取り入れられます。日中は、カーテンを取り外しておいても構いません。ベッドルームで鏡を置かない方がよい場所は、寝ているときに足がある側です。もしそこに鏡があって動かせないのであれば、夜眠るときに鏡の上からパレオのような布を被せてください。ただし、あなたがよく眠れるかどうかで判断するとよいでしょう。

鏡がダイニング・テーブルを映し出すようにするのは、お勧めです。食べる場所という恩恵が、二つあるように見えるからです。人が立ったり座ったりするときに、頭の部分がちゃんと映し出されているのを確認してください。デザインの観点からいうと、外の景色が映し出されるような場所に置くのがベストです。ちょうどもう一つ窓があるように見えます。また風水では、鏡は部屋を広く見せるので、あなたの人生にも余裕があるように見えます。鏡を好きなように使ってもらって構いませんが、前述の注意点を守ってください。そして必ず表面はきれいにしておきましょう。クリーナーを使いすぎて、そのしずくが垂れたままになると、やがて鏡の間に液が入って黒ずんでくるので気を付けてください。

植物

Plants

押し花を挟んだ和紙はとても人気があります。でも風水では違います。これらの植物はかつて生きていたのですが、今は死んでいるのです。

風水では、**枯れた植物**は「停滞したエネルギー」を意味します。かつて生命があって樹液が流れていたものが、流れなくなってしまうからです。「気」のエネルギーも止まり、毎分ますます枯れて死んでゆくのです。

枯れた植物でできた置物、木の家具やラウハラ・マットは問題ありません。これは利用できるものに作り変えられているからです。ドライフラワーなどは飾りとして作られていますが、実際に植物としては機能していません。かつて生きていたものが死んでしまっているのです。ヤシの葉で編んだバスケットに入れられた、ドライフラワーはどうでしょうか？　ドライフラワーだけを捨てて、バスケットは使ってください。何か新しい用途をバスケットのために見出してみてください。では和紙の中に入れ込んだ押し花はどうでしょう？　これらも使用しないことをお勧めします。

造花は、一度も生命があったことはありません。生きている植物を真似て作ってあるだけです。生きているかのように、上手にアレンジし、埃が溜まらないようにしましょう。

ドライフラワーを使った、ポプリやリース、レイは、気を付けてください。センチメンタルな理由でこれらを保存しているのであれば（特に特別な人からもらったレイ）、三ヶ月したら箱にしまってください。種や貝、羽根、紙や造花などで作られていたレイは、埃が被らないようにして、飾っておいても構いません。

美しいスパティフィラムは簡単に育てられます。

結婚したカップルのお宅でコンサルティングを行いましたが、その間中、二人はケンカをしていました。彼らのベッドの上には、結婚式で使ったブーケが額に入れて飾ってありました。これが、二人の結婚をうまく保てないようにしている理由です。二人の結婚が、その花のように枯れて終わってしまわないように、ブーケを片付けるよう話しました。

生きている植物は、空間をとても特別な雰囲気で活気付けてくれます。それは実際に生きて成長しているからです。もし生きた植物を部屋で育てるのであれば、とても元気なものを置いてください。病気にかかっていたり、死にかけている植物は、あなたのスペースに病気や死のエネルギーをもたらしてしまいます。私がよくお勧めする手のかからない植物は、スパティフィラムと観音竹です。ラッキー・バンブー（ドラセナ・サンデリアーナ）も育てやすい種類ですが、実際には竹ではありません。ラッキーなのは、多分あなたがその植物を枯らさずにすむというくらいのものです。一般的に家の中に置く植物は、硬かったり、葉が尖っているものは用いません。サンセベリア・トリファシアータは、先が尖ってはいますが、エネルギーを上に押し上げるので、家の中に置いても構いません。

蘭は地球上で最も発達した植物です。花が咲くと、アートのような美しさです。花が咲いていないときは、あまり美しく見えないかもしれません。花が咲いていないときは、ベランダに出している人が多いようです。もしベランダに

「宝石の蘭」と呼ばれるルディシア・ディスカラー。

出せないような場合は造花を買って、花が再び咲くまで、その植木鉢に挿しておくとよいでしょう。

生きた宝石

蘭の種類には「宝石の蘭」と呼ばれているものがあり、雑色の葉を持ち、太陽の光が当たるとキラキラと輝くものです。宝石の蘭の一つ(ルディシア・ディスカラー)は、紫の雑色にピンクの細いラインが入っています。自然界で最も美しい葉の一つとされています。この地面に生えている蘭は、紫のワンダリングジューに似ていて、非常に美しくて、手のかからない植物です。

直接的な気の流れ

Directing Chi Energy

前ページ：杖や傘が床に置いてあるだけなら、エネルギーを引き下げて家の外へと出してしまいます。これは籠の中に入っているので、エネルギーが保たれています。

このビャクダンの扇子は、よく飾りとして使われます。この位置だとエネルギーが上向きに上がります。

どんな棒であっても、一方の端が床に着いていて、もう一方の端が壁に寄り掛かって立て掛けてある場合、「棒が下がると同時にエネルギーも下がる」と考えます。竹であったり、物差しであったり、ほうきやモップなど、何の理由もなく立て掛けてあるものです。下側を何らかの入れ物、籠や箱、ポットなどに入れてください。ほうきやモップは吊るしましょう（その方が長持ちもします）。さもなければ、棒状のものは水平に寝かせておくことです。なぜかというと、棒が目の高さと同じくらいにある場合、目が床までそれを辿ってしまうからです。目が下に向けられるということは、気のエネルギーも下に向かって出て行くということです。

気を下に流して出してしまう行為の反対は、気を上に引き上げて部屋に入れることです。これをする方法はたくさんあります。要するにあなたの想像力の問題で、目を上に向けさせるように、上の角度に向ければよいわけですから。ここにいくつかの例を挙げておきましょう。

・**カーテンの裾を長めにする**：カーテンを長めにあつらえて、床に余ったカーテンの部分が溜まるようにすると、ロマンティックな雰囲気を醸し出せます。低い気のエネルギーは、この床に着いたカーテンの裾の山の中に吸い込まれて、それから上へと上がっていくことができます。あなたの目も同じことをするのです。これをするためには、家の中がきれいであり、室内でペットを飼っ

パームツリーの影は奇妙には見えません。見ればすぐわかるものであり、魅力的な影をスペースに加えてくれます。もっとはっきりした影が欲しい場合は、裸電球を使いましょう。

ていないことです。もし床が汚いと、カーテンの裾も汚れてしまいよくありません。この方法は、どこにでもあてはまる方法とはいえないかもしれません。

・**扇子を飾る**：気は、扇子が広がっているように、そして扇子で扇いだときに風が来るように流れます。階段のそばで、人々を招き入れたい箇所（階段の上あるいは下に扇子を置けるような場所）に飾っておくとよいでしょう。

・**角度をつけて物を壁に掛ける**：低い位置にある物と視線が一致することは多いですが、エネルギーを引き上げるためにも、腰の位置より下に物を飾らないことです。高い天井のある部屋では、特に気を付けて飾ります。

・**天井の影**：天井に夜映し出される影は、奇妙でないことが大切です。ヤシの木の葉などが、ゆったりと動いているのが映し出されるのはよいでしょう。はっきりとした影を出すためには、上向きに裸電球を使用すると効果的です。

ラグ（カーペット）を、部屋の中の壁に向かって斜めに敷くとエネルギーを上げられます。これは壁から離れた位置でも、長方形でラグの短い一片の端に房が付いているようなものを使えば、簡単にエネルギーを上げられます。このようにラグや家具を使って角度を取ることは、部屋の中のどこでもできることです。こうすることで陽の要素が多くなります。

ギフト

Gifts

置物に関する問題は、多く置きすぎるということです。ハワイでは、いろいろなギフトをもらいすぎるという人が多い傾向にあります。誰かにもらったからという理由だけで、飾るのはやめましょう。飾るのであれば、それがあなたの人生にとって価値あるもので、あなたもそれを楽しむという理由からでなくてはなりません。たとえば民芸品などをよくもらう場合、あなたがそれらを好きでないのなら取っておくのはやめましょう。あなた自身の家で、他の誰の家でもないのです。あなたにとって心地よい物で飾ることが必要です。もしあなたが、「あの人にもらった物だから、あの人が訪ねてきたときに置いてないと気まずい」という理由で置いているのであれば、それは「罪の意識のギフト」となってしまいます。それを置いていないと、あなたが罪の意識を感じるからです。あなたの家や人生において、ギフトをくれる人にパワーを与えすぎています。もらった物をお返しするか、他の人に譲りましょう。

欲しくない物を置いておくのは、押し潰された振動を生み出します。家があなたを支えるのに困難を来たすのです。それはまるで、あなたがサイズの合わない他人の服を無理に着ているようなものです。そういう物を捨て去ることで、富を招く新鮮なエネルギーを受け入れる準備ができるのです。新鮮で澄んだ部屋の表面は、宇宙に対して「新しい機会を持ってきてください」とお願いする信号となります。あなたの家で利用価値のある場所を、不要な置物に占拠させて息苦しくならないようにしてください。

あなたのスタイルではないギフトをもらったら、それを置いておかなくてはいけないという義務を感じるのはやめましょう。それらのギフトで家の中が雑然としてしまいます。それぞれの置物は語りかけるということを忘れずに。

もしあなたが他人にギフトをあげる立場であるのなら、栄養たっぷりの美味しい食べ物や、蘭、プロテア、アンセリウムなどの長持ちするトロピカル・フラワーを贈りましょう。このようなギフトは、もらう人にも決して重荷にはなりません。もし食べ物をあげたなら、食べてしまえるわけです。花なら美しさや香りを楽しめ、埃を払う心配もいりません。

時々、あまりにも置物が少ない家を見かけます。そのような家は、不毛で居心地が悪く、冷たく感じます。この場合の簡単な解決法として、あなたにとって意味があり、そして美しさとエネルギーを家にもたらす物を置きましょう。ガレージセールやインターネットで品物を買うのが嫌でなければ、利用すると便利です。

もちろん、家の中に何の飾りも置かなくても、バランスの取れた居住空間を保つことは可能です。日本人はそのような方法を何世紀にもわたりとってきました。しかしこれは、とても注意深く研究されたスタイルです。何も置かないことは、決して無計画ではない、一つのよいスタイルなのです。現代のインテリアは、スタイリッシュなアイテムを使った最小限の装飾が主流です。これを実行するには、それなりの規律と多くのクローゼットが部屋に備わっている必要があります。

砂糖なしの装飾

もし家族に糖尿病の患者がいるなら、小さい「スイート（かわいらしい）」な置物をたくさん置かないようにしましょう。それらは砂糖と同じです。糖尿病はかつて「砂糖の病」と呼ばれていました。できるだけ大きな置物を少なめに置きましょう。

散らかり

この項目をわざと最後にとっておきました。優しく記述しますが、本当のことを言えば「散らかっているものはすべて捨てる！」です。特に部屋の角はガラクタを置きやすいのですが、そこにガラクタを溜め込まないことです。つまり、物をそこで滞《とどこお》らせないことです。クリスマスや季節の飾りを年中出しておくのもよくありません。それはあなたを過去へと引きずり戻します。壊れた時計、古いカレンダーも同じことです。

また、散らかりはあなたの健康上にもよくありません。私のクラスを取る生徒さんで、家族や友達がガンにかかっているという人が多く、「どうすればいいでしょう」と質問されることがよくあります。最初に尋ねることは「お部屋が散らかっていますか？」です。そして答えはいつも「イエス」で、しかもかなり深刻なガラクタがあるようです。知り合いの男性で、素敵な家をお持ちの方がいますが、今までに見たことがない程ガラクタを多く持っていました。家のどの部屋にも、通り道にはドアからドアへとガラクタが山積みされていました。彼のダイニング・チェアーのすぐ横には、三十年前の『National Enquirer』という雑誌も山積みされていて、表紙には大切な記事のページのメモまで付けられていたのです。私は「これはリサイクルに出してしまいましょう」と言ったのですが、彼は「友達にあげようと思っている」と答えました。「では、すぐにあげてしまいなさい」と私は答えました。ところが彼は「友達は欲しくないそうだ」と答えを変えて、その後話の内容も変えてしまいました。彼の家を見て回るのさえも苦労する程でしたが、実は彼の健康上の問題も循環器系だったのです。その後すぐに彼は、心臓に異常を感じて病院に行きました。ところが病院の階段を上る途中で、心臓麻痺を起こしてその次の日に亡くなってしまいました。

ガラクタを整理すること（特に紙製品）は、それらの品に何らかの愛着があるときは取り除くのが非常に難しいものです。とりあえず、今はそれをしまっておいて、捨てる痛みを後回しにしましょう！　それを置いておくか捨てるかは、時が来たら判断をすればよいでしょう。今は箱にラベルを貼ってしまっておくか、箱の上にきれいな布をかけて覆っておくのもよいでしょう。こうすることで、いったいどの所有物が大事で、どれがそうでないのかを判断することもできるはずです。恋しいと思う物があるのと同時に、物が片付いたらどれ程

減らす、使いまわす、リサイクルする。これが土地と海をきれいに健康的に保つ方法でもあります。時として、家にある物を再考察するのもよいでしょう。もしかしたら置いていた物は不必要な物かもしれませんから。

すっきりするかも感じるはずです。一度に思い切って片付けるか、時間をかけて少しずつ片付けるかです。もし時間をかけて少しずつ片付けたいのであれば、毎日たとえ十五分ずつでもするように心掛けましょう。

散らかった家で暮らしてはいるけれど、それらのガラクタがあなた自身のものでない場合は？　それでもそのガラクタは、あなたやそこに住む人全員に影響を及ぼします。どんな方法でもよいので、持続的にそのガラクタの山に挑戦してください。忍耐が必要かもしれませんが、それを溜め込まないようにしましょう。誰もガラクタの中には住みたくないはずです。本来は素晴らしいものがガラクタのためによく見えなくなっていたり、掃除するのにも時間がかかってしまいます。誰もそんな雑然とした中で暮らしたくないはずなので、常にきれいに、そしてポジティブに過ごしてください。

用語集

ブルノーズ・コーナーズ——Bullnose Corners

部屋の角に湾曲を出すために使われる、既成のドライウォールです。これは壁を塗る前、シートロックを施した後に使います。詳細はドライウォールを扱うお店でお尋ねください。

気——Chi

中国語で「エネルギー」のこと。見えるものでもあり、見えないものでもあります。「qi」と綴られることもありますが、日本語では「気」と言われているものです。

クリスタル——Crysta

風水の解決法に使われる最高のクリスタルは、澄んだクリアなもので、着色されたり虹色のものではありません。鉛ガラス製のクリスタルか、自然のパワーストーンのクリスタルが好ましいです。なぜクリアなクリスタルがよいかといえば、太陽の光に当たると最高の虹を作り出すからです。虹は光を分散させるときに作り出されるものです。よって、クリスタルはエネルギーを分散させるときに用いられます。

また、クリスタルカットのペーパー・ウェイトやボウル、花瓶などを利用しても構いません。吊るすクリスタルの形は、ディスコ・ボール形か八角形が好ましいです。一般的には、先が尖ったクリスタルは吊るさないことです。太陽の光が入ってくるところには、大きくてはっきりとした色を作り出す八角形のものが最適です。注意すべきことは、吊るしたクリスタルで窓ガラスに傷を付けたり、クリスタル自体も壊れやすいので気を付けましょう。鉛のクリスタルは、普通のガラスよりも鉛を多く含んでいるため柔らかいです。自然のクリスタルは澄んだクリスタル、もしくはレインボー・クリスタル（虹入り水晶）がよいでしょう。

エレメント——Element

タオイズムにおいては五つのエレメントが地球には存在すると考えられています——「水」「木」「火」「メタル（金）」「地（土）」。これらはどんな場合にも使われる、原型的なエネルギーを代表しています。

易《えき》——I Ching

易は古代中国で使われていた占術の一つで、世界でも最も古い本の一つとされています。非常にすぐれた翻訳本が何冊も世界中で出版されています。私の好きな本は Ni Hua Ching 著『The Book of Changes and the Unchanging Truth』（SevenStar Communications）です。自分が壁にぶち当たって、同じところをウロウロと回っているだけのような、運命が停滞したときや、考えが前に進まないときに、もっと広い視野で物事を見るようにアドバイスをしてくれる、頭のよい古きよき親友のような本です。

バグア・ミラー――Mirror, Bagua

鏡の周囲に八卦が施されているものが「バグア・ミラー」です。八卦が施されておらず単に八角形の鏡はバグア・ミラーとは呼ばれません。鏡の周りに中国の動物があしらわれたものも、バグア・ミラーではありません。

バグア・ミラーの中には、買ったときガラスの部分にブルーのプラスチックのフィルムがついているものもあります。それは使用するまでガラスを守っているもので、使うときにはフィルムを剥がしてください。そうでないと効果が十分に得られません。

バグア・ミラーは本当に必要なときにだけ使ってください。それは「よいエネルギーをもたらす」ために使うものです。バグアは、悪い気を反射させる鏡です。これはすべてをよいコンディションに整える、とてもパワーのあるものとされています。非常に限られた場合を除き、(たとえばバスルームが家の真ん中にあったり、家の中の階段が玄関のすぐ前にあるときなど)家の中ではこれを使用しないでください。これは主に部屋の外で使うものです。バグア・ミラーは中国製品を売る店なら置いているはずです。

ソロモンの紋章が施された鏡も、バグア・ミラーの代わりに使うことができます。これもよいコンディションに整えるエネルギーを持っています。このソロモンの紋章とは聖書にあるもので、ヒンズー教でも使用されています。使う前に自分で色付けする必要があるかもしれません。

凹型の鏡——Mirror, Concave

凹型の鏡は、中にへこんだ鏡です。近いところにあるものを非常に大きく映し出しますが、遠くにあるものは上下逆さに映し出します。これは遠くにあるものがそれほど重要でないことを意味します。大きなものや背の高いものを小さく映すときは、逆さに吊るします（積み上げられたものや、大きなビルなど）。この凹型の鏡は害のあるエネルギーを吸い取ります。四十五ページの図Bを参照してください。

凸型の鏡——Mirror, Convex

凸型の鏡は、表面が外側に膨らんでいる鏡です。これは四方八方から光を反射し、分散させます。普通自動車関係の部品などを売るショップで手に入ります。四十五ページの図Aを参照してください。

小さい平らな鏡——Mirror, Small Flat

百円玉程度の大きさの、丸くて安い鏡はクラフト・ショップなどで手に入ります。これらはあまり目立たなく、かつエネルギーを押し戻せるので、問題を解決する場合に使えます。

毒矢——Poison Arrow

中国では「Shar chi」と呼ばれる負のエネルギーのことです。このエネルギーは、住んでいる環境に存在し（長いまっすぐなエネルギーの線）、エネルギーが非常に強く早く進みすぎるので、イライラさせられたりします。

解決法――Solution

「治療法」「回復法」「調整」を意味します。風水によって、状況を改善できる提案です。解決法は、シンボル的な方法を使います。本当の解決は、実際に家を改築したり、改造することにより、最高の結果が得られます。

シンボルを使った解決法とは、あなたの意図することをシンボルとして表すという意味です。そしてそのシンボルを利用するとき、なぜそうするのかを声に出して言うことで、さらにパワーアップできます。声に出して言うのは、実際にシンボルを使うとき、一回のみで大丈夫です。もし一箇所に二つ以上のシンボルを使いたければ、それも構いません。

ウィンド・チャイム――Wind Chime

クリスタルのように、ウィンド・チャイムはエネルギーを分散させるシンボルです。つまりウィンド・チャイムは、風のエネルギーを音に変えて分散させるのです。クリスタルを吊るす代わりに、問題の解決法としてウィンド・チャイムを使うこともできます。部屋の中に吊るすには、あまり大きなものを吊るさずに小さめのものを使用した方がよいでしょう。また、ウィンド・チャイムの音は心地よいものでなくてはいけません。そうでないなら、取り替えましょう。

陰／陽――Yin/Yang

古代のタオイズム（中国の思想）においては、宇宙に存在するエネルギーの分類は基本的に二つと考えられています。すべてが陰、すべてが陽ということはあり得ません。むしろ多くの場合、陰の傾向が強かったり、陽の傾向が強かったということになります。

陰／陽のシンボルは、すべてが正反対の時点に存在することを示しています。大切なのは、そのバランスを保つことです。この伝統的なものの起源は、時計と反対周りで陽が上に来ます。時には白の部分に赤を使うこともあります。赤は「火」を表し、「陽」の象徴だからです。

陰	陽
汚れ	清潔
散らかり	整理整頓
複雑	単純
ゆっくり	早い
死	生
受動的	行動的
黒	白
暗い	明るい
眠り	目覚め
水平	垂直
停滞	移動
湿り	乾燥
寒い	暖かい
柔らかい	硬い
プライベート	公
静か	騒音
低い	高い

「Feng Shui Demystified」
「Bedroom Feng Shui」
Clear Englebert

お勧めの書籍

風水本について

英語で書かれた風水本は五百冊以上存在しています。その中には優れたものもいくつかあります。私のホームページ（fungshway.com）で書評を紹介していますが、ほとんどは風水本と熱帯園芸に関する本です。私は『Feng Shui Demystified（風水の解説）』や『Bedroom Feng Shui（寝室の風水）』も出版しています。どちらもお勧めの本です。もし書店にない場合は、bookfinder.comでお探しください（アマゾンよりよくなくても、私はこのサイトが好きです。とはいえ、アマゾンがこのサイトを所有していますが）。また私の最近の著書『Feng Shui for Hawaii Gardens（ハワイの庭の風水）』と『Feng Shui for Retail Stores（小売店舗のための風水）』もお勧めです。（いずれも未邦訳）

次に挙げる本は、私が知る風水本の中でより優れていると思うものです。

『Lighting the Eye of the Dragon』——Baolin Wu

多くある風水本の中でも際立ってよいものです。偉大な風水マスターによ

「Lighting the Eye of the Dragon」
Baolin Wu

る、稀《まれ》にみる風水の叡智が述べられています。

『Feng Shui and Your Health』――Dr.Jess Lim

非常に伝統的で、かつ非常に完璧な本です。

『Feng Shui and Health』――Nancy Santopietro

素晴らしくて、本当の意味での傑作です。「スプリット・ビュー（切り取られた景色・エネルギー）」についてよく解説されており、歴史的にも驚くべき実例を取り上げています。

『Feng Shui for Dummies』――David Kennedy

ユニークにまとめられた一冊。実際、私が知る風水本の中でも一番よくまとまっています。

『Choose the Best House for You』――Elliot Tanzer

ほとんど完璧で、かつ〝Dummies シリーズ〟（素人にもわかるような解説本）のような気取った感じに我慢する必要はないけれど、誰にも好まれるとはいかないかもしれない本です。

「A Master Course in Feng-shui」
「Feng-shui」
Eva Wong

Eva Wong のすべての本

最高と呼べる本。ほとんどの風水本では取り上げていない地形と方角について書いています。私自身が地形学専門家でもありますが、彼女の言葉と使用している地形図は、他の本では見つけることができません。Eva Wong は、最も優れた風水本の著者です。

『Feng Shui : Art and Harmoney of Place』――Johndennis Govert

非常に理解しやすい本。たとえば「ガラス製の家には住むべきではない」などと、自分が思うことをはっきりと恐れずに書いている点がよいと思います。

『Feng Shui House Book』――Gina Lazenby

とても豪華で美しい本。カラー写真を使ってわかりやすく解説しています。この本にある写真と本に私も感銘を受けました。

『実践的風水インテリア（原題「Practical Feng Shui」）』――Simon Brown

（小学館）

これは恐らく Simon Brown の著書の中でベストな本です。方位学はとても複雑だと思われていますが、彼はうまく解説しています。

「Quick Feng Shui Cures」
Sarah Shurety

『Quick Feng Shui Cures』――Sarah Shurety

ユニークな一冊。チャイナタウンで手に入るような、あらゆるラッキー・グッズについて解説しています。私はあまりラッキー・グッズを好きではありませんが、多くの人は好きだと思います。もしこのような品を持っているなら、どのような意味があるのかを知っておくとよいでしょう。

家のケアについて

家の中が清潔で整頓された状態であるとき、家はあなたを最高にサポートしてくれます。もしそうすることがあなたにとって難しいのであれば、次に挙げる優れた本を参考にしましょう。

Jeff Campbellは、家の掃除と整頓に関する本を三冊書いています。『Speed Cleaning』では毎週か二週間に一度、あるいは少なくとも毎月、何をすればよいか書いてあります。『Spring Cleaning』では、最高の窓拭き掃除について書かれてあります。『Good as News』では、一般的な物に関する修理について書いています。修理と再利用は、地球にとっても大切であり、また優れた常識でもあります。

「Clean Your Clutter with Feng Shui」
Karen Kingston

『新ガラクタ捨てれば自分が見える　風水整理術入門（原題「Clean Your Clutter with Feng Shui」）』——Karen Kingston（小学館）

整理整頓が必要と感じるようになる、すべてのモチベーションについて書かれています。

『はじめてのGTD　ストレスフリーの整理術（原題「Getting Things Done」）』——David Allen（二見書房）

もしあなたが、整理整頓が不得意だとすれば、あなたの人生感を変えるかもしれない一冊。ハワイではやるべきことがいろいろありますが、Allenはそのようなストレスをとって、効率よく整理整頓することについて書いています。私が最も推薦したい一冊。

『Electromagnetic Fields』——Blake Levitt

これは警告を与えてくれる本です。電磁波がどうして起きるか、それがどのように病気を引き起こすことに関連しているかを解説しています。古代中国や古代ハワイでは、現代のような目に見えない公害などの問題はありませんでしたが、昨今では世界中のあちらこちらにおいて大きな問題となっています。現在の風水師が電磁波測定器を持ち歩いているのも事実です。

「Straight Talk on Decorating」
Lynette Jennings

『Straight Talk on Decorating』——Lynette Jennings

部屋を塗り替えたいという人に、必ずお勧めしている装飾に関する本です。この本の一二九ページにある彼女のカラーチャート・システムは、興味深い色をどのように使えばよいか、またどのように周囲と調和し、合体できるかをわかりやすく示しています。

ハワイの文化について

古代ハワイで、家の位置や等高線についての専門家であるクヒクヒ・プウオネ（Kuhikuhi pu'uone）について書かれている本はあまり多くありませんが、以降はそのいくつかの本です。

『The Polynesian Family System in Ka'u, Hawaii』
——Craighill Handy & Mary Kawena Pukui

非常に優れた本。著者はこの本の中で、クヒクヒ・プウオネがどのように指示し、またそれが常識でもあり、決して迷信ではなかったということを、例を挙げて説明しています。この本の八ページにある二段落目の文章に書かれている「家は崖の上に建っているべきではない」や「入口は明るく、障害物がないこと」など、風水本から引用したアドバイスを与えています。

Mary Pukuiの本は、赤い布で綴じられていて、1つは綿、もう1つはシルク製です。これらの優れた製本技術は内容の素晴らしさも表現しているようです。また、クリスタル製のブックエンドはエネルギーを分散させることを象徴しています。これらの本に書かれた知識が、世界中に広まってくれるようにと願っているようです。

『Ancient Hawaiian Life』——Edwin Bryan

短い本ですが、家に関することも含め幅広い内容となっています。

『Ka Po'e Kahiko: The People of Old』——Samuel Kamakau

『Hawaiian Antiquities』——David Malo

どちらも素晴らしい古典書であり、クヒクヒ・プウオネについて書かれています。

『Ancient Hawaiian Civilization』——Craighill Handy, Peter Buck 他

クヒクヒ・プウオネではなく、キロキロと呼ばれていた占い師による家の位置や土地についての言葉を参照して書かれたユニークな本。「新しい家に関する信仰」「家の建築」「家のお清め」などはとても興味深い内容です。またどちらの方角を向いて眠るとよい——頭を中央の柱に向けて眠るのがよい（halakea や pou manut と呼ばれる柱）なども書かれています。

『Hawaiian Dictionary』——Mary Pukui & Samuel Elbert

ハワイに住んでいるのであれば、一冊は持っているべき本（私の考えですが）。ハードカバーは美しい赤い布で作られていて、言葉を生き生きとさせているように見えます。

参考

ペレの顔マスクの壁掛け――Pele Mask Wall SculptureMary Ann Hylton

Email: islandstudios@sgaprod.com

カリフォルニア製の高級品――Brilliant red flowerpots

Anuenue Gardens

79-7372 Māmalahoa Hgihway, Kealakekua, HI 96750

Tel: (808)324-4769

URL: www.anuenuegardens.com

小さい室内用ウィンド・チャイム――Tiny indor wind chime Kona Stories

79-7460 Mamalahoa Highway, Kainaliua, HI 96750

Tel: (808)324-0350

URL: www.konastories.com

小さい丸い鏡――Tiny round mirrors

Market City Shopping Center, 2919 Kapiolani Blvd. Honolulu, HI 96826

Tel: (808)735-4211
クラフト・ショップにて十個入り約二ドルで販売。ハワイでは「ベン・フランクリン」で手に入ります。
日本の「ベン・フランクリン」URL: www.benfranklincrafts.jp/
なければ「Darice Mirrors」で #1613, #1633-82 をオーダーしてください。
URL: www.cardinalenterprises.com/darice_round_mirrors.htm

シースルーのカーテン　六十一ページのシダ柄のカーテン——Sheer Curtains
Christina Birtcher
Email: luv2reuse@aol.com

クリスタルやガラスを固定するためのワックス——Quake Wax
Tel: (800)959-4953
URL: www.earthquakeinfo.com

クリスタルやガラスを固定するためのジェル——Museum Gel
Tel: (800)634-6932
URL: www.conservationresources.com
粘着力のあるワックスのブランドで、博物館でも利用されており、壊れやすいものを固定するために使用されているものです。このワックスはきれいに取り除くこともでき、家宝や大切なものなどが地震で落下して壊れることを防ぎます。

吊るすための透明のクリスタル・ボール——Clear hanging crystals

ハワイにある「Longs Drugs」チェーンで手に入りますが、どの支店にもあるとは限らないので、大型店舗でお尋ねください。

バグア・ミラー——Bagua Mirrors

Chinese Cultural Plaza at 100 N. Beretania St., Honolulu, HI 96817

Tel：(808) 533-7147

Email: emilyng@hawaii.rr.com

ホノルルのチャイナ・タウンにある「Dragon Gate Bookstore」で手に入ります。ここでは、他では手に入りにくい風水本も置いています。

風水本——Feng shui books

Jelly's,

670 Auahi St. #I-19 Honolulu, HI 96813.

Tel:(808)587-7001

URL: www.jellyshawaii.com.

このショップの入口はコーラル通りにあり、アラモアナ・ブルーバードから二ブロック山側に向かったところです。私が知る限り、最もよくない入口の一つですが、風水本は（新書&中古）どこにもない程豊富に揃っています。

アイエア地区にも支店があります。

HARBOR CENTER 98-023 Hekaha St. #9, Aiea, HI 96701

Tel:(808)484-4413

赤いドアマット――Red Door Mats

Tutuvi Sitoa

2636 S. King St. (on the mauka side near University), Honolulu, HI 96826

Tel:(808)949-4355

質のよい、黒い地色で明るい赤のハワイアン・キルト柄のものを扱っています。

メタリックの壁のペイント――Metallic Wall Paint

Architectural Surfaces Incorporated

the Gentry Pacific Design Center at 560 N. Nimitz Hwy., Honolulu, HI 96817.

Tel:(808)523-7866

各種可能な色で素晴らしいメタリックの壁に仕上げるには、いくつかのステップを踏む必要があります。バスルームが、家の真ん中や外へのドアがまったくない場所にある場合には、特にお勧めです。

メタリックの壁紙——Metallic Wallpaper

Cavalier Wall Liner

URL：www.wallliner.com.

九十七ページでお勧めしている壁紙はこちらです。

URL：www.wallliner.com/CW2121.html

あとがき

この本の出版にあたり、写真撮影と文字タイプに協力してくれたSteve Mann、挿絵のRick Mears、理解を示してくれたChristineとDavid Reed、そしてWatermark PublishingのGeorge EngebretsonとMarisa Oshiroに感謝します。

また、ご自宅やお庭の写真を撮影させてくれた皆さんにも感謝いたします：Betty Best, Susan Brokaw, Margaret Krimm, Marty and Robert Dean, Dianne and Jon Doherty, Bethann and Don Duval, Khawai o Kohala, Rita-Oceania K, Mark, Barbra and Rob Kildow, Ira Ono, Sharon Paoa,and Lori Honl, Louis Spielman, Roger and Lydia Weiss, Henry Williams, Barbara Cherner and Michael Heyer, Norma Rawlins and Alicia Zee, Tom Sorensen and Paul Endresen, Alysee and Larry Catron, Helen and L.O. Harding, Edwina and Avery Simmons, Christina Birtcher and Amy Ferguson.

そしてPele Mrak DesignのHerb Kawainue Kaneと、プロダクションを手掛けてくれたMary Ann Hyltonにも感謝いたします。

写真クレジット

P18、20、80、179と以下以外の写真はすべてSteve Mann、イラストはすべてRic Mearsの所有です。

P.7 Hawaiian flag
P.9 ©Xavier Marchant
／ Dreamstime.com
P.10 ©Socrates ／ Dreamstime.com
P.36 ©digital_eye ／ iStock.com
P.38 ©2StockMedia ／ iStock.com
P.39 ©Uko_jesita ／ Dreamstime.com
P.40 ©Photographerlondon
／ Dreamstime.com
P.41 ©Spiderstock ／ iStock.com
P.42 ©Chris Bence ／ Dreamstime.com
P.44（上）©h3ct02／ iStock.com
P.47 ©Radu Razvan Gheorghe
／ Dreamstime.com
P.48（左）©USDA photo.
P.48（右）©Scamp ／ Dreamstime.com
P.51（左）©Harris Shiffman
／ Dreamstime.com
P.51（右）©Bobmcleanllc
／ Dreamstime.com
P.58 ©Debra Wiseberg ／ iStock.com
P.64 ©ep_stock ／ iStock.com
P.66 ©Offscreen ／ Dreamstime.com
P.82 ©Rrab1972／ Dreamstime.com
P.87 ©Christoph Riddle
／ Dreamstime.com
P.88 ©Joe_Potato ／ iStock.com
P.89 ©formica ／ iStock.com
P.91 ©oneillbro ／ iStock.com
P.99 ©Robyn Mackenzie
／ Dreamstime.com
P.103 ©Dutchinny ／ Dreamstime.com
P.114-115 ©wh1600／ iStock.com
P.116 ©wh1600／ iStock.com
P.119 ©arquiplay77／ iStock.com
P.124 ©matusdesign ／ iStock.com
P.127 ©slidezero_com ／ iStock.com
P.140 ©davidf ／ iStock.com
P.146 ©majaiva ／ iStock.com
P154 ©Milan_tesar ／ Dreamstime.com
P.155 ©Honorata Kawecka
／ Dreamstime.com
P.160 ©Donald Sawvel
／ Dreamstime.com
P.167 ©Dawn Sakamoto
P.169 ©Marisa Oshiro

訳者あとがき

私が風水と最初に出会ったのは、今から十年ほど前のことです。当時ハワイ在住だった私は、知り合いの中国系アメリカ人女性が、ホノルルで風水ショップを開いたことを知り、そこに頻繁に出入りするようになったのです。彼女も風水師だったので、ショップに遊びに行くたびに、風水や風水グッズについていろいろと教えてもらっていました。最初は興味半分で、風水を楽しみながら自分の住まいに取り入れていましたが、やがて自分でも本などでさらに勉強をしてみる気になったのでした。

その彼女から五年前にこの本の著者であり、ハワイやアメリカ本土で活躍中の風水師、クリア・イングレバート先生を紹介され、当時ホノルルのカピオラニ・コミュニティー・カレッジで開講されていた彼の授業を受講する機会に恵まれたのでした。

受講後に、クリア先生と共に実際に私の住んでいた場所を使って風水の実践練習を行ったり、この本を翻訳したりするうちに、風水の効果の素晴らしさをますます実感するようになりました。

クリア先生の風水は、ハワイが日系移民によって大きな影響を受けている日本文化の要素を取り入れると同時に、ハワイらしいアイテムもふんだんに使っているので、特にハワイが大好きな日本の皆さんには、ハワイを身近に感じながら、風水を学んでいただけるかと思います。

ぜひ、本書を使いながら、あなたもご自宅やオフィスをアロハなエネルギーがたっぷり流れる素敵な空間に変えてみてください。

最後に、この本を翻訳する機会を私に与えてくださったクリア・イングレバート先生、日本での本の発行にご尽力くださった株式会社ナチュラルスピリット代表の今井博央希さん、そして編集の澤田美希さんに心から感謝します。

二〇一四年春

伊庭野れい子

著者●クリア・イングレバート　Clear Englebert

米国アラバマ州出身。国際風水協会のプロ・メンバー。ハワイ、カリフォルニアで定期的に風水を教えながら、ハワイを中心に、一般家庭、庭、商業スペースなどの風水コンサルティングを行っている。和風のアイテムを多く使う彼の風水は、アメリカでも注目されており、アメリカ本土ではテレビ出演も多数。日本のＦＭ番組にも出演経験あり。また、曹洞宗の僧侶でもある。著書には『Feng Shui For Hawai'i』（WATERMARK PUBLISHING）以外にも、『Feng Shui Demystified』『Bedroom Feng shui』（いずれもiUniverse）があり、世界各国で発売されている。

URL：www.fungshway.com

訳者●伊庭野れい子　Ibano Reiko

ハワイにて、風水コンサルタントのジル・サルマンとクリア・イングレバートに師事。イングレバート氏の日本語通訳者。コピーライター、翻訳家、メディア・コーディネーターとしても活躍。また、タロットREIKOとしてスピリチュアル・カウンセリングも行っている。著書には『ハワイアン・ブリーズ』『ハワイアン・プア・ブック』『タロットREIKOのビギナーズ・スピリチュアル・ワークブック』（いずれも書肆侃侃房出版）がある。

URL：www.aloha.zaq.jp/tarotreiko/

〈付録〉

風水コンサルタントの効果

金運

＊ハワイ島で私のクラスを受講していた生徒に、バグア・チャートの「金運・富のコーナー」（入り口から見て前方斜め左の角）にあたる場所に、卓上噴水を置くようにアドバイスしました。彼女はご主人とハワイ島でカフェを経営していて、ご主人は風水などの話を信じない人でした。毎日の売上の目標を決めて頑張ってきたものの、ハワイ島でアイアンマン・トライアスロン・レースが開催される翌日だけは、いつもその目標を達成できましたが、それ以外は無理でした。とりあえず彼女は卓上噴水を買ったものの、どうせ無理だと思っていたのです。ところがその噴水を置いた直後に売上目標が達成され、それから数日後にはその目標を超える売上がありました。

＊あるクライアントは、まったく家具も置いていない家を売ろうとしていました（多少の家具が置かれてある家の方が、何もない家よりも売りやすいのです）。でもやはり売れず、私にアドバイスを求めてきたので、金運と富のコーナーのところのカーペットをめくって、その下に何か高価なものを隠しておいて、もし家が売れたらそれは片付ければよいと教えました。彼が「ルビーを持っているけれど、どうすればいい？」と聞いてきたので、「もし構わなければ、それをカーペットの下に入れておきなさい」と答えました。そしてその直後に、家は売れたのです。

＊ハワイ島に不動産の管理をしているクライアントがいます。その人から次のようなメールが来ました。
「昨日、洗濯室（金運・富のコーナー）に大きな滝の絵をかけました。そして今日、濃い紫のカーペット・タイルをその部屋に敷きました。とても豪華で品よく見えます。そのカーペット・タイルを敷いて一時間もしないうちに電話があり、新たに不動産の管理とバケーションレンタルの管理の依頼が入ってきたのでした。こんな大きな仕事が急に入ってきたのは、ビジネスをして以来初めてです」
＊私がカリフォルニアに住むクライアントのところへコンサルティングに訪ねて以来、二年以上返済が滞っていた人が支払いをするためにやって来たのだそうです。しかも二人もです。彼女は、お金はもう回収できないと思っていたのに、彼らは今まで支払っていなかったことを悪く思い、余分に支払ってくれたとのことでした。

恋愛運

＊ある独身女性のクライアントの家には、女性が一人で写っている写真がバグア・チャートで見る「恋愛のコーナー」（入り口から見て前方斜め右の角）だけでなく、あらゆるところに置かれていました。彼女は「結婚したいのに縁がない」と言いました。私は彼女に「それはあなた自身が宇宙に対して、メッセージを送っているからですよ。女性が一人でいる写真がそこらじゅうにあるでしょ？ それがすべてを象徴しているのです」と教えました。でも彼女は、それらの写真を手放したくないと言ったので、「では独身

のままその写真をずっと持っている方がいい？　それとも、誰か好きな人と一緒にいる方がいい？」と聞いたところ、「わかったわ！」と即答し、すぐに一人で写る女性の写真を取り除きました。その週末に、彼女はとても素敵な男性と出会うことができたのだそうです。なんでもすぐに行動に起こすことがベストなのです！

＊私が自分のパートナーに出会う前、古いワンルーム・タイプの部屋に住んでいました。恋愛のコーナーは、とても小さいけれど天井がやけに高い、白いバスルームでした。そこで私は、そのバスルームの壁の高いところに大きなバスケットを吊り下げ、ピンクのシルク製の蓮の花をいっぱい入れました。その蓮の花が郵便で届いたときは、梱包されていたのですっかり萎びていましたが、それぞれの花びらをしっかりと整えてきれいに飾りました。それを眺めつつ「うーん、きっともうすぐ電話が鳴る！」と予感した二秒後、電話が鳴り、ある人からデートに誘われ、それから半年後にはソウルメイトと呼べる今のパートナーと知り合うことができました。

＊レスビアンの女性から依頼を受け、彼女の家のレイアウトなどを見直しました。その後次のようなメールが届きました。
「あなたに言われたように、女性の写真を入口とガレージのドアの左上に貼り、女性二人が太鼓を叩いている写真をベッドルームに置きました。そして今日、友達から連絡が来て、私に紹介したい女性がいるから会いましょうと言ってきたのです。本当にこの風水、よく効くわ！」

＊サンフランシスコに住むクライアントより、こんな感想がきました。

「あなたが先日のセッションでいろいろしてくれた結果を、少しお知らせしておきます。あなたは、女性が一人でいる写真、スケッチ、アートワークなどをすべて家から取り除き、その代わりに男性の写真や絵などを家に多く置いた方がよいとアドバイスしてくれましたよね？　そのように変えた途端、もう何年も前から知り合いだった男性と頻繁に会って、週末も一緒に過ごすようになったのです。こんなすぐに結果が出るのには驚きました。素晴らしいアドバイスを本当にありがとうございます」

金運と恋愛運

＊以前、家の中の金運・富のコーナーにベッドルームのあるクライアントが連絡してきました。そのベッドルームにある金運・富のコーナーを、どうするべきかということでした。私はベッドルームの後方にある壁を、赤か紫に塗るように勧めました。しばらくすると彼女から次のようなメールが届きました。

「あなたに言われたとおり部屋をアレンジし、壁を紫色に塗りました。すると、その家を買ったときの三倍の値段で売ることができ、投資していたお金が十倍になって戻って来て、さらには思いがけない男性とお付き合いすることができました。また、一緒に住んでいた義理の息子も素晴らしい仕事を得ることができました」

＊私のクライアントで何年も風水を行っている方からのメールです。

「マウイ島に出掛け、私が持つコンドミニアムの部屋をアレンジし直しました。すると大勢の友達がやって来て、実に素晴らしい二週間を過ごせました。また自分が住む家の鏡を暖炉の近くに移し、火が一方の壁に映るようにしたのです（職業のコーナーの壁）。するとと次の日、仕事を拡張できるようなビジネス・オファーが届きました。また、古くなった噴水の絵を、新しく買ったハイビスカスの花の絵に変えた途端、翌月にローンの支払いを終えることができました」

＊これはサンフランシスコに住むクライアントからのメールです。

「三月にコンサルタントをしてもらってから、私とパートナーは新しいアパートに引っ越しました。効果が大きかったのは、金運のコーナー（バスルーム）に咲き誇った蘭をたくさん置いたときのことです。まったく予期してなかったのですが、六千ドルもの昇給があったのです。そして蘭の花が枯れ始めたときに、私は三本の赤いデイジーを蘭の代わりに置きました。するとなんと、さらに二千ドルの昇給があり、おまけに百ドルのギフト券まで届きました。他のコーナーにもそれぞれに合った花を置いたところ、いろいろと素晴らしいことが起こり続けています！」

＊サンフランシスコのクライアントより届いたメールです。

「あなたにコンサルティングをしてもらったのは、二〇〇〇年だったかしら？　よく覚えていないけど、あなたが教えてくれたように、いろいろと家の中を変えてみました。そうしたら私の人生が驚くほど変わったのです。もう三年もアルコールからは遠ざかり、夢のような男性にも出会い、結婚し、ヨーロッパへ六週間のバケーションに出掛け……会社の仕事を辞めて、今はヨガを教えてウェルネス・センターの技術部の仕事を担当しています」

バグア・チャート

風水は、陰陽五行、方位学や土地の気、地形など、いろいろな角度から見ていく非常に複雑なものです。しかも毎年地球の自転と共に、方角も微妙にずれるため、正確には毎年変更を加えることになります。「バグア・チャート」とは、そういう悩みを見事に解決した素晴らしいエネルギー・マップで、現代の風水ではよく用いられる方法です。

「バグア」とは「八角形」という意味なので、従来のチャートは八角形なのですが、部屋にあてはめてみるときに見えにくいこともあり、四角形になったものも最近では出回っています。

次のバグア・チャートを見てください。これをご自分の家の入口がちょうど「職業」のところにあたるようにして、そこを基準に、それぞれのコーナーを振り分けてみてくださ い。たとえば、玄関を入って正面がリビングであるなら、そこが「職業のコーナー」。入ってすぐ右にトイレがあれば、そこが「協力者（助力者）と旅行のコーナー」という具合です。もしくは各部屋にも、それぞれ振り分けることもできます。

バグア・チャート

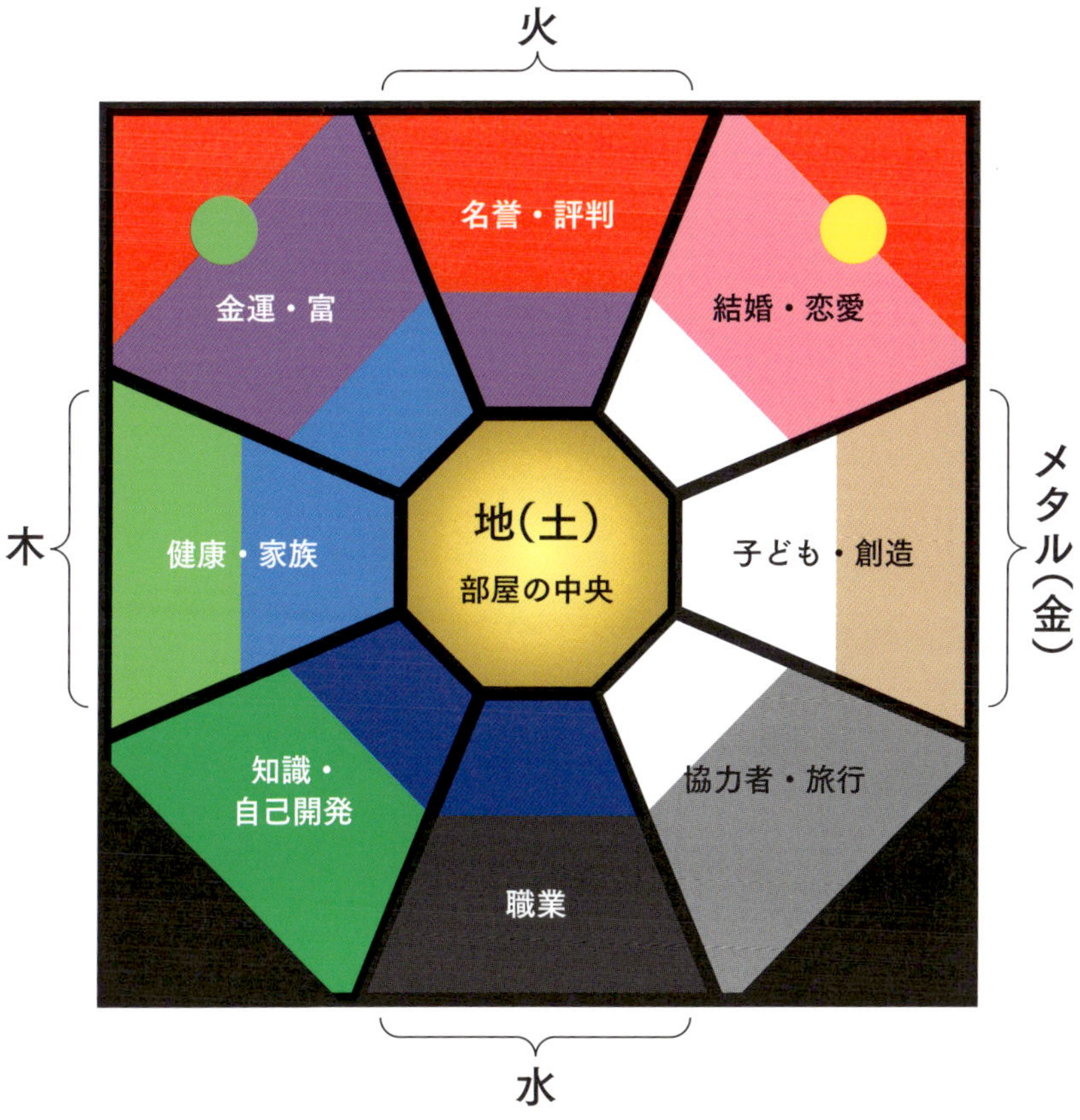

〈入り口〉(基準となる)

それぞれのコーナーやエリアのエレメント、運気を呼ぶ色、置くとよいものなどは次の通りです。

金運・富コーナー
エレメント：木
色：深い紫・青・赤・緑
植物：枯れていない植物で葉が丸いコイン形に近いもの
写真：生い茂った植物の写真
置物：高価な置物
その他：水を使うもの（噴水）や流れる水の絵、動くもの
このコーナーは、必ずきれいに保ち、アクセスしやすいようにしておく。ゴミ箱や、壊れている、または枯れたものを置いてはいけない

名誉・評判エリア
エレメント：火
色：赤・紫
形：三角、尖ったもの、上に上昇していくもの、鏡、太陽の形をしたもの
置物：火に関係のあるもの、赤色のもの、賞状・学位、ピラミッド型のもの
その他：動物を象徴するもの、動物でできたもの（毛皮、骨、羽、皮など）

結婚・恋愛コーナー
エレメント：地（土）
色：赤・ピンク・白・黄色
置物：ペアのものや愛する人の写真
単体のものは置かない。テレビも置かないように。ステレオなど音楽の関係のものはよい。壊れたものや、ストライプの入ったものは置かない方がよい

子ども・創造性エリア
エレメント：メタル（金）
色：白・パステル
形：丸、円、アーチ
置物：子どもと創造性に関するもの、丸いものでメタル製のもの、子どもの写真
子どもがいる家庭は、このコーナーは非常に重要

協力者・旅行コーナー
エレメント：メタル（金）
色：黒・白・グレー
置物：特別な場所の絵や写真、天使や仏像などの聖人の写真や絵、スピリチュアルな唱え事、先生や師と仰ぐ人の絵や写真、外国土産など

職業エリア

エレメント：水

色：黒・深い青

形：自由な形

置物：ガラス、鏡、クリスタル、噴水、流れる水、キャリアに関するもの

知識・自己開発コーナー

エレメント：地（土）

色：黒・緑・青

置物：本、学習に関するもの、テレビやコンピューター、スピリチュアルな師や聖人の絵や写真、山の絵や写真

水に関するものは置かない方がよい

健康・家族エリア

エレメント：木

色：緑・青

形：四角か長方形

置物：木でできたものか布でできたもの、植物もしくは植物に関する置物、家族や健康に関する置物

部屋の中央

エレメント：地（土）

色：黄色・アースカラー（ブラウン・ゴールド・オレンジ）

形：八角形、四角、長方形

置物：瀬戸物

水に関するものやトイレなどは、この場所には設置しない方がよい

ハワイアン風水

2014年8月30日　初版発行

著　者――――クリア・イングレバート
訳　者――――伊庭野れい子

編　集――――澤田美希
デザイン・DTP――千力舎

発行者――――今井博央希
発行所――――株式会社太玄社
電話：03-6427-9268　FAX：03-6450-5978
E-mail：info@taigensha.com　HP：http://www.taigensha.com/
発売所――――株式会社ナチュラルスピリット
〒107-0062 東京都港区南青山5-1-10 南青山第一マンションズ602
電話：03-6450-5938　FAX：03-6450-5978
印　刷――――中央精版印刷株式会社

ISBN978-4-906724-12-3 C0011